U0940028

新员工工作适应与职业成长研究

组织社会化的研究视角

XinYuanGong GongZuo ShiYing Yu ZhiYe ChengZhang YanJiu
ZuZhi SheHuiHua De YanJiu ShiJiao

何辉◎著

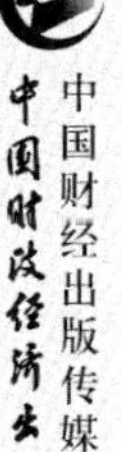

中国财经出版传媒集团
中国财政经济出版社

图书在版编目（CIP）数据

新员工工作适应与职业成长研究：组织社会化的研究视角／何辉著.—北京：中国财政经济出版社，2017.12

ISBN 978－7－5095－7849－0

Ⅰ.①新…　Ⅱ.①何…　Ⅲ.①人力资源管理－研究　Ⅳ.①F243

中国版本图书馆CIP数据核字（2017）第275896号

责任编辑：高树花　段　钢　　　　责任印制：刘春年

封面设计：孙俪铭　　　　责任校对：胡永立

中国财政经济出版社 出版

URL：http：//www.cfeph.cn

E－mail：cfeph@cfeph.cn

（版权所有　翻印必究）

社址：北京市海淀区阜成路甲28号　邮政编码：100142

营销中心电话：88190406　北京财经书店电话：64033436　84041336

北京财经印刷厂印装　各地新华书店经销

710×1000毫米　16开　11印张　210 000字

2017年12月第1版　2017年12月北京第1次印刷

定价：58.00元

ISBN 978－7－5095－7849－0

（图书出现印装问题，本社负责调换）

本社质量投诉电话：010－88190744

打击盗版举报热线：010－88190492、QQ：634579818

前　言

近年来，新生代员工的整体离职率普遍走高，“闪离闪辞”频繁发生。谈及离职原因，大多与“不适应工作”“无法融入环境”“缺乏成长空间”相关。这就把组织社会化理论引入我们的研究视野。同时，“二孩”政策实施以后，针对女大学生的雇佣歧视愈演愈烈。很多雇主认为，女性员工无论在入职初期的工作表现还是晋升潜力方面远低于男性。本书基于组织社会化的基本理论，从组织视角（组织社会化策略）、员工视角（新员工主动社会化行为）和交互视角（组织社会化策略和主动社会化行为相互作用）出发，探讨组织社会化对新员工工作适应与职业成长的作用机理，并比较了毕业生和工作转换者、男性新员工和女性新员工在组织社会化过程中的表现及组织社会化如何影响两者的工作适应；比较了组织社会化策略和主动社会化行为对新员工工作适应和职业成长的贡献大小。

本书的主要结论包括：(1) 制度化的社会化策略更有利于新员工工作适应，但它对毕业生的影响更为强烈；(2) 性别几乎不影响新员工的工作适应；(3) 新员工的主动社会化行为积极影响工作适应，但这种影响不存在毕业生和工作转换者的差异；(4) 主动社会化行为正向调节组织社会化策略和工作适应的关系，其中开发人情关系的调节效应最为显著；(5) 新员工的一般社会化行为和新员工类别协同正向调节了组织社会化策略与工作适应之间的关系；(6) 组织内职业成长是主客观指标的整合概念，客观指标包括加薪、岗位平行调整和岗位晋升次数，主观指标包括晋升可能性、职业潜力、一般能力提升和特殊能力提升四个维度；(7) 工作适应部分中介了组织社会化策略和主动社会化行为对新员工主观职业成长和加薪次数的影响，对晋升次数和岗位调整次数没有影响；(8) 比起组织社会化策略，新员工的主动社会化行为更能预测其今后的工作适应和主观职业成长。

上述研究结论可为新员工招聘和入职培训提供指导和建议，以期帮助组织稳定新员工队伍，降低主动离职率；帮助新员工尽快适应并融入组织。同时，也为消除女性职业生涯入口的雇佣歧视提供了初步依据。

作者

2017 年 9 月

目　　录

第1章 绪　　论

1.1 研究背景

2015年，中国经济发展步入新常态，经济增速放缓，传统行业面临转型升级的困境，带动离职率进一步提升；而高科技和金融行业由于专业人才缺口较大，企业间人才竞争激烈，主动离职率也频频走高。根据前程无忧发布的《2016离职与调薪调研报告》，2015年员工平均离职率为17.7%，比起2014年小幅上升。“85后”“90后”新生代员工的整体离职率普遍高于业内平均水平，高达20.1%。其中工作年限低于3年的新员工离职率保持在30%以上。谈及离职原因，“不适应或难以融入工作环境”跃居首位，而“对目前工作内容感到不满”“缺乏成长空间”“薪酬福利缺乏竞争力”等依次排在其后。可见，步入职场的“85后”“90后”员工，具有典型的新生代特征。一方面，独生子女和互联网的成长背景使他们在进行职业选择时更可能遵从自己的兴趣和爱好，普遍表达出强烈的个人主义和自我导向，“有主见、不将就”，勇于尝试各种职业；另一方面，由于年轻无经验，进入组织后他们的职业定位往往比较模糊，职场适应性较差，忠诚度也不高，遇到困难和挫折往往“一言不合、说走就走”。此外，席卷全国的创业热潮也吸引了不少“90后”加入了创业大军。

对于组织来说，过高的离职率无疑会提升企业人力资源管理的成本，也不利于人才储备与培养，组织希望通过某种手段或策略留住新员工，而新员工在频繁的跳槽过程中也需要尽快适应新任雇主，这就把组织社会化理论引入我们的研究视野。对组织社会化的最早研究起源于Van Maanen和Schein（1979），是研究新人怎样从“局外人”变成“局内人”的过程。工作适应是组织社会化的主要后果之一。目前围绕组织社会化的研究主要围绕组织主导的视角、员工主导的视角以及组织与员工交互的视角进行。其中组织视角侧重研究组织通过何种特定的策略或方法促进新员工顺利完成组织所期望的角色转变，即组织社会化策略研究。员工视角即指新员工主动社会化行为的研究，主要指新员工为尽快融入组织所采取的非组织要求的主动寻求行为（如搜集组织相关信息、与上级构建联系等）。组织与员工的交互视角研究则通常选择把组织社会化策略或新员工主动社会化行为一方作为主效应，研究两者如何相互作用共同促进新员工的组织社会化。在以上三个视角的研究中，关于组织社会化策略的研究成果最为丰富和成熟，观点也趋向一致；关于新员工主动社会化行为的研究以及交互视角的研究，无论在研究范式还是研究结论方面，都存在较大的争议和质疑。另外，现有研究成果中大多以没有工作经验的毕业生为对象，但实际上，拥有一定工作经验的工作转换者才是新员工的构成主体，这一点在跳槽频繁的新生代员工身上表现得尤为明显。

由于新生代员工离职的另一个主要原因是认为自己在组织中缺乏成长空间（71.5%），这使得我们不得不关注职业成长问题。职业成长概念最早出现1991年，但学者们对它的界定存在很大差异，很多学者都把职业成长与职业发展或职业成功相混同，但是三者无论从内涵还是应用方面都存在较大的差异。本书试图辨析职业成长、职业发展与职业成功三个概念，并把职业成长与新员工组织社会化相结合，研究两者之间的依存关系和影响机制，最终为组织如何打造一支相对稳定的员工队伍以及新员工如何尽快适应岗位和环境提供一定的管理建议和启示。

二孩政策实施以后，针对女大学生的雇佣歧视愈演愈烈，她们不仅在择业时遭受显性的社会排斥，就业后依然遭遇隐性排斥（张静敏，2010；冯玉坤，2015），在看似完全自主的工作过程中，组织对女性员工的人力资本投入存在明显歧视，致使她们未来的职业发展遭遇较大的障碍与不公平性，这一点也得到了国内外学者的证实

(Ibarra, 1993；刘德中、牛变秀, 2000；宁本荣, 2005；赵慧军, 2006)。很多雇主认为，由于生育因素和女性自身成就动机的缺乏，女性员工的人力资本投资收益远远低于男性，所以他们不倾向于招收女性员工，或者即使招收女性员工，也大多安排在基层岗位，不愿在她们身上进行更多的人力资本投入。那么，女性新员工在组织社会化过程中的表现究竟如何？与男性相比，她们入职初期的工作适应状况和入职一段时间以后的职业成长状况真的差强人意吗？本书试图给出答案。

1.2 研究目的和意义

鉴于国外学者对组织社会化及其相关领域的理论和实证研究比较丰富，他们的研究成果当然具有一定的借鉴和参考价值。然而，国外学者的研究成果几乎全部源自或沿袭西方社会背景。跨文化学者发现，工作行为往往不存在国家间的差异，而非工作行为由于文化价值观不同存在很大差异。这可能意味着主动社会化行为的研究存在背景差异，那些在西方国家不被认定为主动社会化行为的要素在中国背景下可能被认定为主动社会化行为（Morrison, Chen and Salgado, 2004)。揭示中国背景下新员工尤其是新生代员工的主动社会化行为可能包含哪些行为维度，以及这些行为维度如何影响新员工的社会化后果，这是本书的第一个研究目的。

在现有的组织社会化的研究成果中，学者们大多以没有工作经验的毕业生为研究对象。但事实上，构成新员工主体的往往不是毕业生，而是那些拥有一定工作经验的工作转换者。毕业生和工作转换者在同样面临组织社会化的过程中其行为和表现可能存在不同。与那些有经验的新员工相比，他们可能更愿意接收来自组织的指导和帮助，正规的、结构化的社会化活动可能更受毕业生的欢迎。研究毕业生和工作转换者在组织社会化过程中的表现及组织社会化如何对两者的工作适应产生差异性的影响，这是本书的第二个研究目的。

近年来年轻员工愈发关注个人的职业成长问题，职业成长也愈发成为影响年轻员工留任意愿的重要因素。但是目前理论界对职业成长的研究相对较少，内涵界定也不够清晰，对组织内职业成长与组织间职业成长亦未能进行明确的区分。本书试图通过文献与实证分析辨析组织内员工职业成长理论，构建职业成长的主客观测量指标体系，并揭示组织社会化作用于新员工职业成长的机理，这是本书的第三个研究目的。

在新员工组织社会化的过程中，组织和员工个体到底谁发挥更大的作用？在帮助员工社会化的进程中，是应该侧重统一的入职培训体系的设计与实施，还是应积极创造条件鼓励新员工与同事或上级构建关系？以往的研究并未给予回答。本书拟从组织视角和员工视角研究组织社会化对新员工工作适应和职业成长的影响，比较这两个因素对新员工工作适应和职业成长的贡献大小，这是本书的第四个研究目的。

在女大学生就业难的大背景下，雇主对女性员工的人力资本投资歧视是否存在理论依据和实证支持？女性员工在入职初期的工作适应状况和入职一段时间以后的职业成长状况是否显著低于男性？与男性新员工相比，同样的组织社会化策略对女性新员工工作适应的影响是否存在显著差异？这是第五个研究目的。

本书的理论意义在于：第一，重新界定并验证了中国情境下新员工主动社会化的行为维度，开发人情关系作为一种独具特色的功利主义导向的行为，对员工组织社会化的影响不应被忽视；第二，把新员工划分为没有工作经验的毕业生和拥有工作经验的转换者两种类别，比较了两者在组织社会化过程中的差异，并分析了这种差异的产生机理，这是对组织社会化理论的延伸研究；第三，进一步厘清了员工职业成长的构念，确立了组织内职业成长的衡量指标体系，从理论上为职业成长构念的测量提供了支撑，也为进一步研究职业成长的前因和后果变量奠定了基础；第四，采用优势分析法比较了组织社会化策略和主动社会化行为对新员工工作适应和职业成长的贡献大小，这是对现有的组织视角、员工视角和交互视角研究组织社会化理论的有益补充；第五，比较组织社会化策略对男性新员工和女性新员工工作适应影响的差异，这也是对组织社会化理论的补充研究。

本书的研究结论对组织和新员工自身均有一定的实践意义：对组织而言，本书发现，组织可以通过统一的入职培训活动帮助新员工更好地适应工作并融入组织，也要创造条件鼓励新员工的主动社会化行为（如组织员工座谈、构建内部网络等），但后者对新员工工作适应和职业成长的影响更为明显。上述研究结论一方面为新员工的招聘和录用标准提供了依据，即招录时应当额外考察那些能预测主动社会化行为的个体特质；另一方面，也能帮助组织降低离职率，打造一支更稳定的员工队伍；对新员工尤其是新生代新员工来说，本书的研究成果则可以帮助他们在跳槽过程中更好更快地适应组织和工作岗位，减少“闪离闪辞”，开启更为长久稳定的职业生涯道路。另外，本书对消除女性职业生涯入口的雇佣歧视也提供了初步依据。

1.3 基本概念的界定

1.3.1 新员工

对新员工的界定学术界并未形成统一结论。国内外学者在研究新员工组织社会化过程时，大多根据自身的研究目的、方法和条件对新员工进行了不同的界定。尽管有部分学者如 Ashforth 和 Saks（1996）、Morrison 等（1993）认为“新员工是入职1年以内的员工”，但也有学者 Louis（1998）认为1年的时间不足以学会处理社会化过程中必然经历的现实冲突，这意味着新员工应界定为入职至少1年以上。国内学者黄河和吴培冠（2012）在研究团队成员交换、社会因素策略与新员工社会化之间关系时将新员工限定为入职1年半以内的员工，陈维政（2012）在研究领导—成员交换关系对新员工社会化的影响时将新员工界定为进入组织2年内的员工，而杨莉莉（2006）、高云山（2010）和苏晓艳（2014）则将新员工限定在了更宽的时间范围内，都把新员工定义为入职时间3年以内的员工，均取得了有价值的研究结论。考虑到上述研究现状，又由于本书的调查对象广泛分布于不同地区、不同行业，从事的岗位类型也各不相同，他们的工作适应状况必然有所不同，所以本书对新员工的定义采用宽口径（即入职3年以内）的限定。

1.3.2 组织社会化

组织社会化源于“社会化”，是德国社会学家 Simmel（1917）提出，意指群体形成的过程。Schein（1968）将社会化引入组织中，他认为组织社会化是指新进人员进入组织学习一些“诀窍”的过程，强调把工作场所（组织）作为研究焦点。对组织社会化的研究主要分为三个视角（Jamie Gruman，Alan Saks and David Zweig，2006；王雁飞、朱瑜，2006）：分别是组织主导视角、员工主导视角以及组织与员工交互的视角。组织主导视角认为员工是被动反应型的，它强调组织对新员工社会化的影响，包括社会化策略（Jones，1986；Ashforth and Saks，1996）和社会化帮助（Meryl Louis and Barry Posner，1983）的研究；员工主导视角则把组织社会化作为一个动态的过程予以考虑，强调新员工的主动行为，包括社会化内容（Chao et al.，

1994；Taormina，2000）和新员工信息寻求行为（Miller，1991；Morrison，1993a）等的研究；组织与员工交互视角的研究是上述两种研究视角的综合，主要考察组织与员工如何相互作用以影响社会化后果（Reichers，1987；Griffin et al.，2000；姚琦等，2008）。目前组织社会化的研究大多以新进入组织的员工为对象，但是 Chao 等（1994）则指出："组织社会化是一个需要终身进行的连续过程，只要员工的工作环境和职位要求发生变化，员工就要重新适应与融入，组织社会化的需求便会随之产生"。由此可见，除了新进员工会有组织社会化的需求以外，组织社会化的对象还应当包括那些在同一个组织中变换部门或工作岗位的员工。由于篇幅和精力所限，本书的研究对象只针对企业的新进员工。

1.3.3 组织社会化策略

组织社会化策略是从组织视角进行的社会化研究。Van Maanen 和 Schein（1979）认为组织社会化策略是指"组织通过特定的手段或方法促进新员工的社会化过程，使之顺利完成组织所期望的角色转变"。他们最先提出了包括集体—个体的等六组社会化策略，后来 Jones 还进一步把这六组策略分成了情景因素、内容因素和社会因素三大类共 12 种。

1.3.4 主动社会化行为

主动社会化行为是从员工（主动）视角进行的社会化研究。Louis（1980）首先提出了个人主导型的组织社会化理论，他认为员工并非只能被动地接受组织社会化，相反，他们也能积极采取行动去诠释所处的环境，以便尽快融入组织。信息寻求行为是新员工主动与组织互动推动自身社会化的重要一步（Morrison，1993）。除此之外，主动社会化行为还可能包括反馈寻求行为、构建网络联系、积极构想、观察与模仿等（Ashford and Black et al.，1996）。

1.3.5 工作适应

工作适应也叫新员工调适，是指“新员工适应工作场所，员工之间相互信任并能完成工作任务的状态”（Ostroff，1992）。工作适应是组织社会化的重要后果之一，衡量新员工工作适应的指标有很多，总体来说分为两大类，一类是侧重当前的主要后果（Bauer and Bodner，1994）或近端后果（Saks and Ashforth，2002）指标，如角色界定、角色冲突、任务掌握、人际整合等；另一类是侧重长远的次要后果（Ostroff and Kozlow，1992）或终极后果指标（Bauer et al.，1994），如工作满意度、离职倾向、组织承诺、人—组织匹配等。由于篇幅所限，本书研究的工作适应只涉及近端后果指标。

1.3.6 职业成长

职业成长的概念出现较晚，学者们的研究也各执一词，但总体上把职业成长划分为组织间职业成长和组织内职业成长两类。本书只针对组织内职业成长。通过实证分析，本书认为组织内职业成长是“主客观指标的整合概念，其中主观指标是指员工个人对其未来职业进步的评估，包括晋升可能性、职业潜力、一般能力提升和特殊能力提升四个维度，客观指标包括加薪、岗位平行调整和岗位晋升次数等三个维度”（何辉，2016）。

1.4 主要研究内容及创新点

本书基于组织社会化理论的研究成果，从组织社会化策略、主动社会化行为和两者的交互三个视角研究新员工组织社会化对其工作适应与职业成长的作用机理，探讨了工作适应在组织社会化策略与职业成长之间、主动社会化行为与职业成长之间的中介作用，并使用优势分析法分别比较了组织社会化策略和主动社会化行为对新员工工作适应与职业成长的贡献大小；本书把新员工分为毕业生与工作转换者两种类型，比较组织社会化策略、主动社会化行为和两者的交互对这两类新员工工作适应的影响差异；同时也把新员工分为男性新员工和女性新员工，比较组织实施的社会化策略对两者工作适应的影响差异。

主要创新点在于：

（1）构建并验证了职业成长的主客观衡量指标体系，探讨了年龄、性别、学历、工作年限等人口统计变量对主客观职业成长的影响。

首先根据以往的研究文献，厘清了职业发展、职业成功和职业成长三个概念的基本内涵；其次采用演绎法整合已有的文献，并通过访谈法和问卷调查法确定职业成长的基本结构维度；再次在文献研究、管理者访谈与问卷调查的基础上，归纳并筛选出职业成长的具体测量条目；最后通过项目分析、探索性因子分析和验证性因子分析确定了主观职业成长的结构模型。研究表明，组织内职业成长是“主客观指标的整合概念，其中主观指标是指员工个人对其未来职业进步的评估，包括晋升可能性、职业潜力、一般能力提升和特殊能力提升四个维度，客观指标包括加薪、岗位平行调整和岗位晋升次数等三个维度；主观指标与客观指标之间存在中低度相关，两者共同构成职业成长的测量指标体系”（何辉，2016）。

（2）把新员工类别作为调节变量，比较组织社会化策略、主动社会化行为及两者的交互对毕业生和工作转换者工作适应的影响的差异。

研究结果表明，无论毕业生还是工作转换者，制度化的社会化策略均有利于新员工更好地适应工作；但是与工作转换者相比，制度化的社会化策略对毕业生工作适应的影响更为显著。包括信息与反馈搜寻、一般社会化、网络联系与开发人情关系在内的主动社会化的各个行为维度对新员工工作适应的影响均为显著，但是毕业生与工作转换者的主动社会化行为对两者工作适应的影响并不存在显著差异。另外，组织社会化策略、主动社会化行为与新员工类别的三维交互结果显示，如果毕业生和工作转换者同样采取较高水平的一般社会化行为，则制度化的社会化策略对毕业生工作适应的提升程度更大；如果毕业生和工作转换者同样采取较低水平的一般社会化行为，则制度化的社会化策略对毕业生工作适应的提升程度更小。

（3）把性别作为调节变量，比较组织社会化策略对男性新员工和女性新员工工作适应的影响的差异。

基于以往的文献研究成果，本书只关注集体的、授予的和伴随的社会化策略对不同性别新员工角色清晰和社会整合的影响差异。结果显示，与女性新员工相比，集体的和伴随的社会化策略对男性新员工角色清晰和社会整合的积极影响略为显著；但是授予的社会化策略对不同性别新员工角色清晰的影响并不存在显著差异。这与以往学者的研究结论截然不同，本书分析了可能的原因，未来有待进一步验证和解释。

（4）比较组织社会化策略和主动社会化行为对新员工工作适应和职业成长的贡献大小。

本书采用优势分析法比较组织社会化策略和新员工主动社会化行为对其近期工作适应和远期职业成长的影响大小。结果显示，与组织社会化策略相比，主动社会化行为更能显著地预测新员工的工作适应状况，略为明显地预测新员工未来的主观职业成长。但在预测新员工未来的客观职业成长时，组织社会化策略和主动社会化行为基本没有明显差别。

1.5 主要研究方法

本书采用的研究方法包括文献研究、访谈法和问卷调查法。

（1）文献研究法。

对国内外有关组织社会化、组织社会化策略、主动社会化行为、工作适应、职业成长、职业发展和职业成功等的研究文献进行整理、归纳和综述，以使本书保持在理论、方法和思想上的前沿性；然后，在对文献进行归纳和评述的基础上提出研究假设、搭建研究框架以及理论模型。

（2）访谈法和问卷调查法。

在对已有文献进行归纳和综述的基础上，采用访谈法和调查问卷，确定员工职业成长的构念，构建员工职业成长的评价指标体系，然后对指标的科学性和准确性进行验证。主要采用的统计分析方法包括探索性因素分析、验证性因素分析和结构方程模型等。

在文献研究的基础上，通过问卷调查和统计分析对组织社会化策略、主动社会化行为、工作适应、职业成长、性别、新员工类别等的关系进行验证。主要采用的统计分析方法包括探索性因素分析、验证性因素分析、层次回归、单因素方差分析、LSD 多重比较分析等。

1.6 全书结构与研究流程

全书共分为七章：

第 1 章为绪论，主要介绍研究的背景、研究的目的和意义、界定基本概念、主要研究内容和创新点、研究方法等，并概括说明了报告的总体结构和研究流程。

第2章是文献综述部分，包括组织组织社会化理论研究综述、组织社会化策略研究、主动社会化行为研究回顾、组织社会化策略与主动社会化行为的交互研究、工作适应研究、职业成长研究的回顾与述评，以及组织社会化策略、主动社会化行为以及两者的交互分别对工作适应和职业成长的影响研究。

第3章是理论模型与研究假设部分。本章首先对总体的研究模型进行了阐述，然后设定了12个研究假设，并在理论模型中表明了这些假设之间的内在联系；此外，本章还对这些研究假设的设定依据进行了详细的论述。

第4章是研究设计与预分析部分，主要分为两个部分：施测过程与问卷的预分析。前者包括各变量的选择与测量以及调查实施过程，后者包括样本特征描述和各测量工具的信度和效度检验，以及共同方法偏差检验。

第5章是数据分析与假设检验部分，主要分为两个部分：一是总样本的描述性统计分析以及不同人口统计变量的差异分析；二是各变量之间的回归分析，验证第3章提出的12个研究假设。

第6章是研究结论与应用部分，基于上述研究结果，从企业角度提出了针对新进员工的人力资源管理策略。

第7章是总结与展望部分，包括本书的内容总结、局限与后续的研究建议。

研究流程如图1.1所示。

组织社会化
策略理论综述
主动社会化
行为理论综述
两者的交互理论综述
工作适应
理论综述
职业成长
理论综述
变量间关系
的研究述评
前人研究的回顾
确立研究的理论模型
提出研究假设
理论框架的提出
预调查
实施第一次正式调查
实施第二次正式调查
问卷的信度效度检验等预分析
实证数据的收集
数据分析
研究假设的检验与分析
研究假设的验证
研究结论与管理建议
总结、局限与后续研究展望
应用与展望

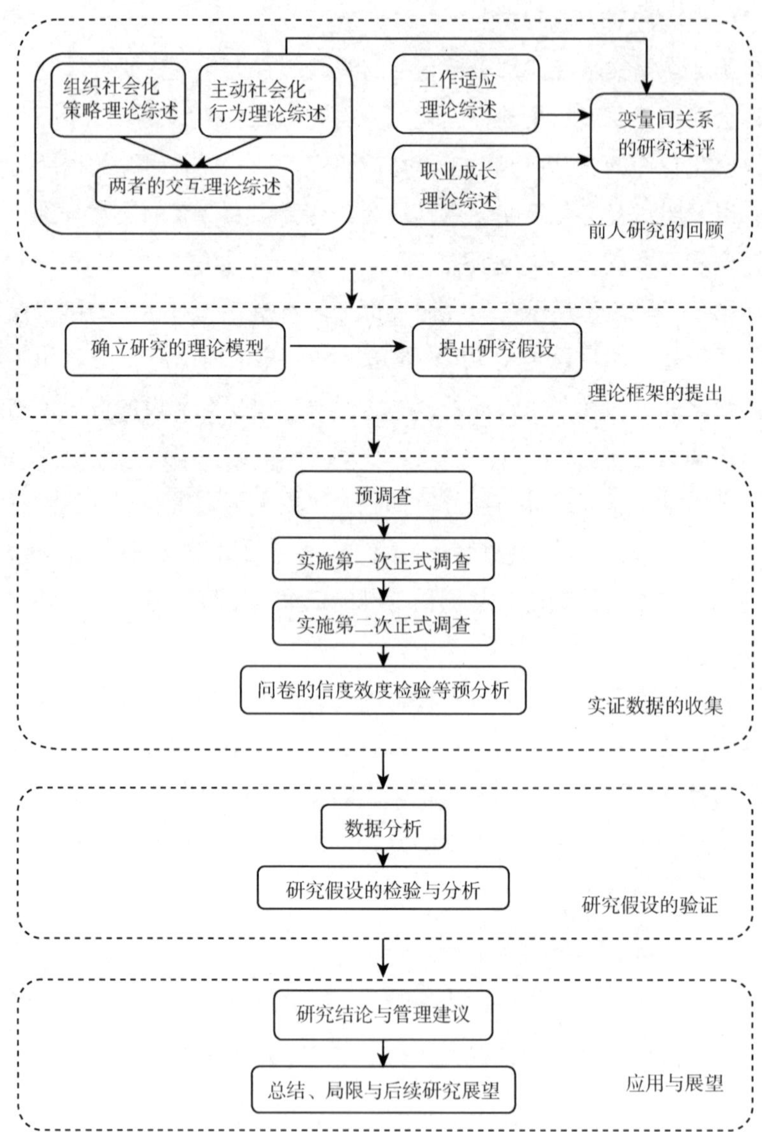

图 1.1　本书的研究流程

第2章　理论基础与文献综述

2.1 组织社会化理论研究回顾

在过去的20年里，组织社会化曾经成为人力资源管理和组织行为学领域的重要研究课题之一。西方学者对组织社会化的研究在20世纪90年代达到高峰，但随后若干年的研究遭遇发展“瓶颈”，研究成果数目锐减。查阅2001~2015年EBSCO收录的组织行为学和人力资源管理的几十种重要期刊，关于组织社会化的学术论文仅有134篇。国内自90年代中后期引入组织社会化这一概念以后，相关研究一直未曾停止，2008年之前的研究主要集中在对西方传统理论和研究成果的述评上，如王明辉等（2006）、王雁飞等（2006）、杨岸等（2007），2008年之后主要集中在实证研究方面，如组织社会化与员工行为绩效（王雁飞、朱瑜，2012）、组织社会化与员工工作期望（姚琦、乐国安，2011）、组织社会化与组织承诺（李从容等，2011）、组织社会化与离职倾向（张光磊，2016）以及着重研究组织社会化过程中新员工的信息搜寻行为等（李从容、张生太，2011）。同时，组织社会化也引起了一些研究组织学习、知识管理和组织沟通方面学者们的极大兴趣（Ostroff Kozlowski，1998；Danielson，2008）。

2.1.1 组织社会化的内涵

组织社会化理论是近年来人力资源管理和组织行为学领域中一项重要的研究课题，原因在于实践中企业常常面临新员工由于适应不良、人际不顺而导致的低承诺、低绩效和低满意度等问题，这一点在新生代员工身上表现得尤为明显。为了更好地理解新员工如何才能适应组织和岗位，1968年美国管理心理学家Schein将“社会化”的概念引入组织，首先提出了组织社会化（organizational socialization）的观点，以解释新员工从组织“外部人”（outsider）变为组织“内部人”（insider）的过程。Van Maanemm（1976）和Louis（1986）也给出了类似的界定。Chao等（1994）则从认知和学习的角度定义组织社会化，从个体层面看，组织社会化是指个人为适应组织内的新角色而不得不学习一些相关信息和经验的过程；从组织层面看，组织社会化是指组织通过正式的程序和活动帮助新员工适应的过程。Fogarty（2000）也是从员工视角出发，认为组织社会化是员工在组织中持续不断的调适过程。Filstad（2004）与Chao等（1994）的观点类似，认为新员工社会化即指他们从进入组织到成为该组织既定成员的过程，凡在这一过程中所涉及的社会、文化等方面的学习均应视为组织社会化。Bauer和Erdogan（2011）发展了Schein（1968）的观点，认为组织社会化是新员工从组织外部人变为组织内部人的必经之路，是个体为了获取正式的组织成员身份而不得不学习某种态度、行为和知识的过程，也是个体获得角色认同以及社会认同的过程。

我国在组织社会化方面的研究起步相对较晚。王明辉（2006）在梳理与总结国外学者研究成果的基础上，将组织社会化定义为个体为了适应所在组织的价值观、文化和行为规范而对自己的态度和行为进行调整的学习过程。孙健敏（2009）认为组织社会化是个体从进入组织之前的“外部人”到成为组织“内部人”的学习与适应过程，这一过程使新员工逐渐融入组织，并最终拥有组织成员资格。王雁飞（2010）认为组织社会化是个体通过调整自己的工作态度、工作行为和价值观以适应组织的价值体系、认同组织目标和行为规范并有效融入的过程。

虽然研究者们对组织社会化的定义各有侧重，但从本质来看，他们对组织社会化的内涵界定基本一致，即组织社会化就是指个体和组织为了相互适应而进行的学习和调整过程，这种学习和调整过程可能伴随着人的一生。因为只要工作环境或者工作本身产生变化，新的学习与适应需求就会随之出现。所以组织社会化既可能涉及一个组织的新进员工，也可能涉及同一组织中变换部门或工作岗位的现有员工，他们在调岗、晋升或降职时也会面临新的适应与融入问题。目前组织社会化研究关注的焦点还是组织中的新进员工，本书也仅针对企业新员工进行。

2.1.2 组织社会化的主要研究视角

目前学术界关于组织社会化的研究中，学者们采用的研究视角主要可以概括为三种：一是组织视角，认为组织在社会化过程中具有主导作用，组织会采用各种方法和手段来影响新员工，而新员工在这个过程中处于被动反应的地位，该视角关注的重点为组织实施的社会化策略与内容。二是员工视角，认为新员工在组织社会化过程中将发挥主导作用。新员工为尽快融入新的环境，会主动通过各种渠道获取所需信息，并对这些信息进行分析与处理。在这个过程中，个人的学习与认知起着重要作用。三是组织与员工交互的视角，该视角同时关注组织和新员工两个主体，组织社会化也被认为是两者相互作用的结果，即组织实施的社会化策略和新员工采取的主动社会化行为互为影响，不同的社会化策略会引导新员工采取积极或消极的主动社会化行为，而积极或消极的主动社会化行为又可能直接影响组织社会化策略的实施后果。目前，交互视角的研究受到越来越多学者的重视，他们不仅从理论上构建了交互模型，并通过实证研究探索新员工组织社会化的动态过程。

2.1.2.1 组织社会化策略的研究回顾

组织社会化策略是从组织视角进行的研究，即指组织采用某种特定的方式方法促使新员工由“外部人”变成“内部人”的过程。Schein 和 Van Maanemm（1976）最先提出了组织采取的六种社会化策略，每种策略都是以相互对立的两个连续概念构成。这六种策略分别是“集体的—个别的策略（collective-individual tactics）、正式的—非正式的策略（formal-informal tactics）、固定的—变动的（fixed-variable tactics）、连续的—随机的（sequential-random tactics）和伴随的—分离的（serial-disjunctive tactics）”。然而，这六种策略在组织实践中衡量难度很大。为此，在后来的研究中，Jones（1986）将 Schein 和 Van Maanemm（1976）提出的六种组织社会化策略整合为两大类：制度化策略和个体化策略。“当组织采取集体的、正式的、授予的、伴随的、固定的和连续的等六种社会化策略，就表示组织希望新员工被动地接受组织为其预先设定好的角色，从而使组织维持现状，这类策略称为制度化策略；反之，若组织采用的是个别的、非正式的、剥夺的、变动的和随机的等六种策略，即鼓励员工保留自身的个体特性，允许他们主动诠释自己在组织中的个体角色，这样的策略称为个体化策略”。然而，制度化和个体化策略为组织社会化策略连续统一体的两个极端，通常情况下，组织实施的社会化策略介于这两者之间。通过测量量表，组织社会化策略得分越高，说明越偏向制度化，越低则说明越偏向个体化。在制度化策略作用下，员工往往容易产生保守的角色倾向，而个体化策略则更有利于员工角色创新。同时，Jones 还进一步把这六组策略分成了三大类：情景因素、内容因素和社会因素（见表 2.1）。

表 2.1　　　　组织社会化策略分类

因　素	制度化的社会化策略	个体化的社会化策略
情景因素	集体的	个别的
	正式的	非正式的
内容因素	连续的	随机的
	固定的	变动的
社会因素	伴随的	分离的
	授予的	剥夺的

其中，情景因素是指组织向新员工提供信息的情景或背景，包括集体的—个别的以及正式的—非正式的这两组社会化策略。集体的社会化策略是指新员工在组织社会化过程中面对共同的学习经历，以使他们面对新组织中的各种情境时产生标准化的反应；而个别的社会化策略指组织为每一个新员工提供个别的指导，组织允许员工对情境产生不同的反应。正式的社会化策略是指新员工在承担职责之前获得结构化的、正规的培训和引导活动；非正式的社会化策略则是让新人直接投入工作中去，让他们在实际工作中摸索、在错误中学习一些诀窍。

内容因素是指组织向新员工提供信息的内容特征，包括连续的—随机的策略以及固定的—变动的这两组社会化策略。连续的社会化策略是指给新员工提供社会化过程中组织安排的一系列活动的相关信息，使新员工可以事先了解社会化各阶段的具体活动及顺序；随机策略是指以随机的方式提供给新员工某个角色信息，允许新员工根据自身需求与偏好对其任务角色以及在组织的发展阶段做出安排。固定的社会化策略给新员工提供一个精确的社会化过程的“时间表”，让他们清楚了解社会化各个阶段所需要的时间；而变动策略则不向新员工提供前后一致的时间框架，他们有足够的空间自由发挥，这有助于角色创新。

社会因素是对组织社会化过程中的社会和人际方面进行的描述，它包含伴随的—分离的和授予的—剥夺的这两组社会化策略。伴随的社会化策略是指有经验的组织成员给新员工进行工作指导，帮助他们完成角色转换；分离的社会化策略是新员工必须自己界定角色内容，创造或发现所需要的行为和价值观，因为他们没有可供模仿的角色榜样。授予的社会化策略是指肯定新员工自身的想法及观点，承认这些观点对组织的积极价值；组织乐于接受新员工的本来面目，并不试图改变他们；剥夺的社会化策略是指组织否定新员工原有的观点和认知，完全剥去新员工从前的身份，并意图重新塑造组织所希望的新身份，形成与组织文化相符合的态度与价值观等等。

综上所述，以往研究将组织社会化策略分为三个类别共 12 组策略，每一组策略都是制度化和个体化策略的连续统一体。实践中，一个组织所采取的社会化策略通常是处于制度化策略和个体化策略之间的某一水平上。关于组织社会化策略的测量，Jones（1986）设计的问卷得到了后来学者们的广泛使用。组织具体选择哪一种或几种社会化策略，可能取决于管理职能、经济或社会环境以及组织技术条件的限制，但无论是组织自身还是新员工无疑都会受到策略选择的影响。

2.1.2.2　主动社会化行为的研究回顾

主动社会化是从员工视角进行的社会化研究。Louis（1980）首先提出了个人主导型的组织社会化理论，即员工在社会化过程中发挥主要角色。他认为新员工进入组织后，并不是完全被动接受组织安排的客体，他们会经常主动搜寻所需要的组织信息以增进对组织和工作的适应行为。此后，其他一些学者也开始对此前由组织主导的社会化观点提出质疑，认为组织并不能完全控制员工社会化的效果，新员工自身在进入组织过程中也扮演了重要角色（Morrison，1993a；Ashford and Black，1996；Bauer and Green，1998；Griffin et al.，2000）。Cooper-Thomas 等（2012）认为，新员工在进入组织初期会产生很多焦虑，因而需要通过主动行为减少焦虑，提升自身的幸福感。

新员工进入组织初期，通常由于信息不足无法融入而感到焦虑和压力。为了尽快适应组织，他们会经常主动搜寻所需要的各种信息，因此这种信息寻求行为往往是新员工主动与组织互动推动自身社会化的重要开端。Morrison（1993）认为新员工主动社会化行为的最原始方式是寻求各类信息，为此他专门研究了五类信息（规范化、技术性、参照性、绩效反馈和社会反馈信息）搜寻行为（Morrison，

2002)。他还发现搜寻信息的方式包括询问和其他间接方式，搜寻来源包括从上级那里获得技术、参照及反馈等信息，而从同事那里获得社会信息。Settoon 和 Adkins（1997）证实了 Morrison 信息来源的观点，他认为随着新员工任职期限的增加，他们从上级和同事那里获得的信息可以预测其组织社会化后果。

Ashford 和 Black 等（1996）确定了新员工努力融入组织和工作岗位的七种不同种类的主动行为，包括搜集信息、寻求反馈、一般社会化、网络联系、与上级关系、工作变换的沟通与积极构想等维度，这些维度在西方社会里被广泛接受（Griffin and Colella，2000；Ashforth，2007）。Griffin 等（2000）将员工的主动行为归为八类：信息与反馈搜集、关系构建、非正式指导关系、工作变动的沟通、积极构想、参与活动、自我行为管理、观察与模仿。Tang（2014）以零售企业为研究对象，发现新员工经常在工作中采用询问、观察和网络联系这三种主动社会化行为，其中观察行为对员工组织承诺和离职倾向的影响最为强烈。我国学者石金涛（2007）等研究发现，公开询问和观察是新员工最为倾向采用的信息寻求行为，并且该类行为对于获取各类信息有重要的影响。毛凯贤、李超平（2015）把新员工主动行为分为角色定位、关系构建和自我提升三类，其中角色定位包括信息搜寻和寻求反馈，关系构建包括一般社会化、与上司关系和人际网络联系，自我提升包括积极构想和提供信息等。目前学者们对新员工主动社会化行为的研究主要集中于新员工的信息与反馈搜寻和关系构建这两类行为上。

新员工主动社会化行为的研究成果多种多样，这是由于新员工采取的主动社会化行为本身就是因人而异各不相同的。我国学者在新员工主动社会化研究中，大多根据自身研究需要抽取部分维度和题项进行测量（吴照云，邢小明，2010；赵斌等，2013；何辉等，2015），其中最为常见的当属信息搜集与反馈、一般社会化和网络联系。

但是，跨文化学者发现，工作行为往往不存在国家间的差异，而非工作行为由于文化价值观不同存在很大差异。以组织公民行为为例，樊景立等（2004）发现，中国的组织公民行为的十个维度中只有五个与西方国家类似（分别是积极主动、帮助同事、意见表露、参加集体活动和维护组织形象），其余五个维度中至少有一个是中国独有的（如人际和谐、参与公益活动等），这与中国社会的儒家文化特征和中国大陆多变的经营环境是分不开的。那么，主动社会化的行为维度也可能存在东西方的显著差异。在某些国家或地区中不被认定为主动社会化的行为在其他国家或地区可能被认定为主动行为（Morrison，2004）。Hofstede（2001）的文化维度理论能够对此进行阐释，西方社会的权力距离普遍很低，中国社会的权力距离要高于大多数西方国家，即存在于社会生活和组织实践中的不平等性显著存在。而在高权力距离社会里，个人往往强烈地接受、遵守并期望这种自己和上司之间的权力差距（Morrison，2004）。因此，尽管存在个体差异（Peterson and Wood，2008），但中国的下级一般通过文化社会化的方式从情感上认可这种与上级之间的权力距离，对上级下达的指令或暗示更愿意无条件接受而不是互动（Morrison，2004）。Hofstede（2001）也认为中国员工乐于接受自上而下的管理方式，也不愿意反对或挑战他们的上级。因此，"中国员工不大可能质疑或挑战上级分配给他们的任务，也不可能与上级进行工作变换的沟通"。

另外，在中国也可能存在一些主动社会化行为的独特维度。按照Hofstede（2001）的文化维度理论，在奉行集体主义价值观的国家里，由于集体利益凌驾于个人利益之上，人们非常看重在群体中获得的成员身份，这一身份往往影响到工作场所的人际交往。"同事不仅是工作角色的称谓，也可能是朋友或伙伴"（何辉，2015）。高度集体主义的国家在制订雇佣或晋升决策时除了基于人职匹配的考虑外，也会格外关注候选人是否具有群体成员身份，即是否具备人际和谐的特质。因此，尽快获取群体身份对大多数的中国新员工就显得尤为关键。除了在工作场所与同事精诚合作外，在工作之余，他们也必须与工作伙伴构建纯粹的个人层面关系（Jie Wang and Tae-Yeol Kim, 2013），如下班后与同事一起逛街吃饭娱乐，这些共度休闲时光的手段显然有利于中国的新员工尽快获得成员身份。Jie Wang 和 Tae-Yeol Kim（2013）的研究证实了这一点。他们以中国两所大学的 91 名实习研究生为对象，最终发现了“信息搜寻、反馈搜寻、一般社会化、网络联系、与上级建立关系和开发人情关系等六个主动社会化行为维度，其中开发人情关系是指两人之间建立非正式的人际关系，它以无限的利益交换为特征”。其中前五个维度与西方学者的研究结果大体一致，第六个维度即开发人情关系仅适用于中国。国内学者何辉（2015）证实了开发人情关系这一主动社会化的行为维度。

2.1.2.3 组织社会化策略与主动社会化行为的交互研究回顾

随着组织社会化理论研究的不断深入，越来越多的学者开始意识到，在组织管理实践中无论是组织社会化策略或是新员工主动社会化行为都不大可能在社会化过程中单独发挥作用，组织采取的社会化策略与新员工实施的主动行为很有可能相互作用，共同影响社会化的后果，这是组织社会化研究的交互视角。Reichers（1987）最早提出了交互作用的观点，但此交互观点并非认为社会化策略和新员工主动行为交互，而是新员工和组织原有成员相互作用，共同促进组织社会化；他认为新员工的主动行为中介了组织社会化策略对社会化后果的影响，即组织采用不同的社会化策略对新员工社会化后果的影响是通过新员工积极或消极的主动社会化行为进行传递的。Mignerey 等（1995）研究发现，组织采取严格的制度化社会化策略会引导新员工产生积极的信息寻求、整合与反馈行为。Saks 和 Ashforth（1997）研究了组织社会化策略、信息搜寻行为与社会化结果的关联性，结论是制度化的社会化策略会导致新员工较高频率的信息搜寻行为，且信息搜寻行为在社会化策略与工作满意感、组织承诺、离职意愿等后果之间起部分中介作用。Griffin 等（2000）构建了新员工主动社会化行为和组织社会化策略相互作用的理论模型。该模型显示组织社会化策略积极影响新员工的主动社会化行为，并且它还在新员工主动社会化行为与组织社会化结果变量之间的关系间发挥中介作用。但这一模型缺乏实证支持。Copper-Thomas 和 Anderson（2002）研究了组织社会化策略、员工的信息寻求行为以及工作态度之间的关系，结论与 Saks 和 Ashforth（1997）非常接近，信息搜寻行为也起到中介作用。Kim（2005）研究了主动社会化行为在制度化策略与人—组织匹配之间的调节效应，结果显示，除了积极构想具有正向调节作用以外，信息寻求与反馈和关系构建（一般社会化、上级关系和网络联系）均负向调节制度化策略与人—组织匹配的关系。Kim 和 Cable（2005）通过来自 279 组新雇员与上级的样本数据，检验了组织社会化策略与“个人—组织匹配”的关系，并验证了新员工主动社会化行为在两者关系之间的调节作用。Gruman 等（2006）的研究发现，制度化社会化策略与新员工主动社会化行为正相关，而个体化策略则刚好相反。信息寻求和反馈也对组织社会化策略与社会整合、工作满意度和人—组织匹配之间的关系起负向调节作用。这就似乎形成了一个矛盾结论：一方面，制度化的社会化策略更有利于新员工的主动社会化行为；另一方面，只有在新员工不大主动时（低水平的信息寻求与反馈），制度化策略才可能带来更好的社会化后果。

国内研究组织社会化策略与员工主动社会化行为交互作用的成果相对较少。姚琦和乐国安（2008）对组织社会化研究进行整合，构建了组织社会化的个体—环境交互作用模型，他们指出组织社会化策略影响新员工主动社会化行为，而新员工主动社会化行为对组织社会化策略与社会化后果之间的关系既有调节也有中介效应。李超平等（2014）以 3 项不同时间尺度的跟踪研究，提出了探索新员工组织社会化的动态与交互过程的研究构想。何辉（2015）研究发现，新员工的主动社会化行为积极调节了组织社会化策略与其工作适应之间的关系，开发人情关系并未直接影响新员工的工作适应，却能显著调节了组织社会化策略与新员工工作适应间的关系。

可见，在现有研究组织社会化策略与新员工主动社会化行为交互作用的文献里，大多认为制度化社会化策略会带来更多的新员工主动社会化行为，但对主动社会化行为对组织社会化策略的影响，以及主动社会化行为在组织社会化策略与社会化后果之间的调节或中介效应并未达成一致意见，对调节效应的验证本身也存在较大的矛盾。

2.2 工作适应理论的研究回顾

2.2.1 工作适应及衡量指标

工作适应也叫新员工调适，是指“新员工适应工作场所，员工之间相互信任并能完成工作任务的状态” （Ostroff and Kozlow, 1992）。目前，对工作适应的研究主要从三个视角进行：一是组织社会化视角，认为工作适应是组织社会化过程中的一个阶段（Feldman, 1976），或者工作适应是组织社会化策略的后果之一；二是人与环境匹配视角，注重建立个人和工作环境之间的一致性，如 Minnesota 工作适应理论、Hershenson 模型、Hesketh 和 Gardner 的工作适应模型；三是职业管理视角，如 Holland（1985）把人格类型与职业选择相匹配，Arkoff（1968）从职业成熟角度对工作适应做出的三种解释等。本书则选取组织社会化视角，探讨组织社会化对新员工工作适应的影响。

作为组织社会化的主要后果之一，新员工工作适应的衡量指标很多，Jones（1986）选取角色冲突、角色模糊、组织承诺、工作满意感和离职意愿为工作适应指标；Morrison（1993）把工作适应分为任务掌握、角色清晰、社会整合和文化调适四个方面；Feldman（1976）则选取投入工作、加入团体、界定角色、评估一致性作为工作适应指标。Haueter（2003）从组织、群体和任务 3 个层面分析新员工社会化过程中需要学习和适应的内容。Chao 等（1994）认为工作适应包括工作熟练程度、人际关系、政治、组织内语言、组织目标和价值取向、组织历史等。

国内学者大多沿袭了国外的研究成果，例如，谭亚莉（2005）将新员工工作适应测量指标分为工作适应内容变量衡量指标和结果变量衡量指标，并指出内容变量指标（任务掌握、角色明晰和社会整合）对结果变量（组织承诺、工作满意度和离职意向）有重要的影响；贾留战（2009）和刘密（2007）通过文献整理和访谈发现，角色澄清、人际适应、岗位胜任、工作满意度、匹配感和离职意愿都可作为工作适应指标，且角色澄清和岗位胜任能在一定程度上预测工作满意度和离职意愿；童辉杰（2013）把大学生村官的工作适应分为人际适应、环境适应、角色清晰、岗位胜任、成就感、匹配感等 7 个维度。

总体上，国内外学者把新员工工作适应的衡量指标分为两类：一类是侧重当前的主要后果或近端后果指标，如角色创新、角色冲突、角色清晰、任务掌握、社会整合等；另一类是侧重长远的次要后果或远端后果指标，如工作满意度、离职意向、组织承诺、工作绩效、人—组织匹配等。其中，主要后果或近端后果指标与组织社会化的内容直接相关，而次要后果或远端后果则是由主要或近端后果进一步导致的结果，并受其他因素的影响。也就是说，新员工在进入组织初期，他们首先要学会工作相关的知识和技能，扮演好任务相关的角色，以便从上司和同事那里获得良好的绩效印象；同时，他们也需要获取群体身份，这一方面有利于人际整合，另一方面也能帮助他们完成任务，这是工作适应的近端后果；适应一段时间以后，才可能对工作满意度、离职意向、组织承诺远期指标等做出较为准确的评价。

2.2.2 组织社会化策略对工作适应的影响研究回顾

在国内外有关组织社会化策略对工作适应影响的研究中，无论是对工作适应的近端结果或远端结果的影响，其研究成果都比较丰富。国外学者如 Jones（1986）发现，制度化的社会化策略会使新员工体验到较低水平的角色冲突、角色模糊，并且拥有较高水平的工作满意感和组织承诺；Ashforth 和 Saks（1996）研究发现，制度化的社会化策略会减低新员工的角色冲突、角色模糊、角色压力和离职意愿，而有助于新员工产生高工作满意度、高组织认同和高组织承诺等积极态度。Jaskyte（2005）和 Saks 等（2007）分别采用实证分析和文献分析的方法，探讨了组织社会化策略对新员工角色模糊、角色冲突的影响作用，再次验证了制度化的社会化策略有助于减少新员工的角色模糊和角色冲突，促进新员工角色创新的结论。Perrot（2014）通过实证研究也发现，制度化社会化策略有利于任务掌握和角色创新，且两者之间的关系还受到组织支持感的调节。Tang 等（2014）研究了零售企业新员工组织社会化过程，发现制度化的社会化策略有助于提高新员工组织承诺，并降低新员工的离职意向。Song 等（2015）以中国 9 家星级酒店的新员工为对象，发现制度化的社会化策略有利于新员工产生高工作满意度，并愿意对工作投入更多。

我国学者谭亚莉（2005）通过纵向研究发现，组织社会化策略越偏向制度化，新员工在入职后的任务掌握和角色清晰水平就越高。陈卫旗（2009）也以中国企业新员工为对象，检验了组织社会化策略对“个人—组织匹配”的影响，指出组织采取的连续的、固定的社会化策略均可以显著提高员工与组织的价值匹配。胡冬梅等（2013）研究结果表明，制度化社会化策略正向预测新员工工作适应，但是对工作满意度和离职倾向的影响较小。苏晓艳（2014）发现，组织社会化策略显著影响新员工的工作嵌入。郭云贵（2015）综述了组织社会化策略的内容、社会和情景因素对社会化后果的影响，他发现内容因素和社会因素均正向影响角色清晰，社会因素和情景因素均正向影响社会整合，且三类因素均正向影响工作满意度和人—组织匹配，但与离职倾向、员工个体绩效和组织承诺的关系方面并未达成一致性的结论。

可见，制度化的社会化策略更有利于新员工的工作适应，这一研究结论基本达成共识，尤其在工作适应的近端结果方面更是表现出惊人的一致性。学者们只是选取了不同的中间变量研究组织社会化策略对工作适应近端结果的影响机制；而在远端结果方面，国内外学者们的研究结论存在较大差异。

2.2.3　主动社会化行为对工作适应的影响研究回顾

新员工主动社会化行为对工作适应的影响研究也是从工作适应的近端结果和远端结果两个方面进行。如 Morrison（1993）发现信息搜寻对任务掌握、角色明晰、社会整合和文化适应有积极的影响。Chan 和 Schmitt（2000）认为，如果新员工自身能采取主动行为，如主动搜寻信息、与同事或上级建立友好关系等，则可以尽快掌握工作知识和组织政策，胜任角色行为，获得组织支持感，对组织未来前景的判断也会更加积极。Wanberg 和 Kammeyer-Mueller（2000）专门研究了新员工主动社会化行为中的反馈搜寻和关系构建行为维度，他们发现两者均积极显著影响新员工的角色清晰、社会整合和工作满意度，消极显著影响离职倾向。Saks 等（2011）专门以大学毕业生为样本，研究了主动社会化行为对工作适应的影响，研究发现，较多地采取主动社会化行为（如信息搜寻）的员工更容易在工作满意度、组织承诺以及离职倾向方面获得较好的表现。Tang 等（2014）发现，零售企业的新员工主动社会化行为通常表现为询问、观察和网络联系等行为，其中观察行为对员工组织承诺和离职倾向的影响最为强烈。

国内学者吴照云和邢小明（2010）实证分析发现，员工的信息搜寻和绩效反馈行为积极影响组织承诺。同时，通过员工社会资本间接正向影响员工的组织承诺。李从容等（2011）对知识型新员工的研究发现，公开询问有利于工作胜任、人际融洽和文化融合，观察寻找有利于工作胜任和文化融合。何辉（2015）发现，除了离职倾向以外，新员工的主动社会化行为对其角色清晰、社会整合和任务掌握均有较为积极显著的预测作用，对组织认同和工作满意度指标的预测能力也尚佳。张燕红和廖建桥（2015）的研究发现，新员工的反馈寻求行为对其角色清晰度、社会融入度和工作满意度都有积极影响。

可见，现有的研究成果普遍认为新员工的主动社会化行为越多，越有利于其更好的工作适应，无论是近端结果还是远端结果都是如此。因为主动社会化行为能使新员工接近他们直接需要的信息，并且能与其他组织成员更加频繁地相互作用，这些都会导致积极的工作适应结果。当新员工获得有关工作环境的信息和绩效与行为的反馈时，他们可能获取了必要的工作知识和技能；当新员工与老员工建立了良好关系时，他们更可能建立一种组织身份感及社会网络联系，这不仅能助其获得角色行为指引，其内心对组织的依附感和承诺也会增强。

2.3 职业成长理论的研究回顾

2.3.1 职业成长、职业成功与职业发展的内涵辨析

对职业发展与职业成长的界定，国外文献大多是从人力资源开发的角度进行的，目的在于对员工的职业生涯规划进行指导和帮助。这

两个概念在内涵上既有重叠，也有差别。职业发展也称为职业生涯发展（career development），通常是指包含多个发展阶段的连续过程，其关键点重在“发展”二字，意指不同阶段个体的职业状态不同。但学者们对职业生涯发展阶段的具体划分方式却不相同，如 Super（1957）的职业发展四阶段论，Schein（1978）的九阶段论、Greenhouse（1987）的五阶段论、Ginzberg（1951）的三阶段论等。Cooke（1994）回顾了以往 40 多年有关职业生涯发展的相关文献，发现职业发展阶段划分的模型多达 16 种以上。国内学者廖泉文（2004）则把职业发展分为输入、输出与淡出三个阶段。纵观国内外学者的研究，都是从个体角度、以年龄为标准把职业发展划分为几个不同阶段，在每一阶段，个体会有不同的心理特征、心理需求和职业目标等。

相比职业发展，职业成长的概念出现较晚，译法也较多，career growth，career advancement 等都可译为职业成长，但是学者们对职业成长的界定差异巨大。Miner 和 Chen（1991）把职业成长界定为组织层级的上升以及获得更高职位和更多薪水，并从组织、人际和个人角度进行了解释。Graen（1997）专门研究了管理人员的职业成长，认为它是个体沿着对自己更有价值的工作系列流动的速度。Ang（2000）把职业成长界定为职位层级的向上流动以及收入的增加等，但他认为不同的人对职业成长的理解和感受不同，有时职位的上升和收入的增加并不一定等于职业成长，一些内在的个人因素也同样决定了职业成长，这与个人的认知与价值观密切相关。Catherine（2006）进一步发展了 Ang（2000）关于职业成长的主观认知的研究，他认为职业成长就是人们对沿着职业道路取得职业进步的认知与感受，由个人和组织双方来做评价。也有学者在界定职业成长这一概念时更强调未来，他们使用“职业成长潜力”（career advancement potential）或“职业成长机会”（career advancement opportunity）这样的术语，用以测量未来职业进步的可能性或是对目前工作所取得成就的期望效用。

Cappelli（1999）发现，当组织结构变得扁平化时，职业成长潜力也发生变化。Allen 和 Weert（2007）也提及，现代扁平化的组织结构对员工在组织中的职业成长潜力有负面影响。Loscertales（2007）首次把职业成长从组织内和组织间两个角度进行了分类，并对此进行了解释：过去一个人往往终身服务于一个或少数几个组织，所以在一个组织内开始并长期发展自己的职业生涯是很常见的事情，这是组织内职业成长；但现在，个人的职业发展早已突破了单个组织的限制，人们不大可能只为一个组织工作，为寻求更好的发展人们可能依次服务于几个组织，这是组织间职业成长，也叫做工作转换职业成长。国内学者翁清雄、席酉民和胡蓓（2009，2010）沿袭使用了 Loscertales（2007）关于职业成长的分类观点，他们重点研究了组织内职业成长，认为组织内职业成长就是指员工在目前所在组织内部的职业进展速度，并通过实证研究对其构念和维度进行了操作化界定。

职业成功（career success）也叫职业生涯成功，其研究发端于20世纪 30 年代。学者们对职业成功的界定和测量经历了一个漫长的过程，目前得到广泛认可的是 London 和 Stumpf（1982）的观点，“职业成功即一个人在其工作经历中所累积起来的积极的心理上的或是与工作相关的成果或成就”。学者们大多从主观成功标准和客观成功标准两个方面对职业成功进行测量。客观成功标准就是可以从外部观察到的职业成就，这种成就可以用报酬及工资增长（Hilton，1962）、晋升的次数（Thorndike，1963）、职业地位和头衔（Kotter，1982）、在组织中的任职年限以及拥有的财富等外部尺度来衡量（Arthur and Rousseau，1996），后来又加入了管理幅度（Tharenou，2001）和自主权（Martins，2002）等指标。随着无边界职业生涯时代的来临，员工在不同组织之间或同一组织内部的流动成为常态，职业竞争力取代上述标准成为衡量客观职业成功的新的评价指标（Eby，Butts and Lockwood，2003）。而主观成功标准是个体对自己工作经历和职业发展结果的积极评价和认同。大多数情况下它被操作化定义为工作满意度或职业满意度，其中工作满意度最为重要。龙立荣（2004）、龙书芹（2010）、严圣阳（2008）则对中国情境下员工职业成功的测量进行了实证研究，结果表明，客观职业成功指标不仅应包括晋升、薪资和管理幅度等传统指标，还应包括组织外职业竞争力这一新的衡量指标；而在主观指标方面，有些学者使用工作满意度，另一些学者认为使用职业满意度衡量更为恰当。也有学者如周文霞和孙健敏（2010）认为，职业成功的评判很难有客观统一的标准。

综上所述，对于职业发展、职业成长和职业成功这三个概念的辨识，职业发展内涵最广，它指的是一个连续过程，按年龄划分为几个阶段，一般不局限于某个组织。职业成长也可看作一个过程，但它研究的是“某个组织内部或不同组织间个体的职业进展状况，它既关注收入、晋升等客观指标，也关注对未来职业进步的认知与感受等主观指标”（何辉，2016）。职业成功则更为结果导向，是指个体已经获得的心理或工作的成果或成就。职业成长是途径，职业成功是结果。根据 Turner（1960）的职业成功模型，那些在职业生涯早期就已经显示出良好能力和潜力的员工会获得其直接上司更为积极的对待，他们将会处于职业成长的快速路上，并将获得更快的职业成功。国内学者翁清雄和席酉民（2010）较为系统地比较了职业成长和职业成功概念，他们认为职业成长是个增量概念，而职业成功是个存量概念；职业成长是指某个时点上个人的职业进展状况，职业成功反映的是某个时点上个人的职业经历所取得的成就。因此，“与职业成功相比，组织中的新人可能更为看重职业成长，因为职业成功可能在较短的时间内无法清晰地显现出来，而职业成长却是个人可以感受和体会并能进行评价的”（何辉，2016）。

2.3.2　国内外学者对职业成长维度的现有探索

借鉴职业成功的测量维度，国内外学者对职业成长结构维度的探索也是从主观指标和客观指标两方面进行的，但主客观指标具体包含哪些内容，学者们并未达成一致。如 Ang（2000）提到评价职业成长的量化指标即客观职业成长指标，包括职位层级的向上流动以及收入的增加次数，他认为收入的增加更为常见，这主要是由于收入的增加能被客观公正地衡量。除了量化指标外，他也认为职业成长也表现为一种认知指标，个人的认知与价值观不同，对职业成长感受也不一样，这称为“认知的职业成长”或“主观职业成长”。但 Ang 并未提到主观职业成长的具体衡量指标。

N. G. Thomas（2004）以酒店业管理人员为对象，研究其入职以后的职业成长问题，他也同样忽略了主观指标，只提到三个客观衡量管理人员职业成长的指标，包括沿着组织层级变换岗位的次数、最终到达的管理层级和曾经获得的薪资增长次数。

Bedeian 等（1991）则使用自评量表衡量员工职业成长的潜力。该量表包括两个问题：我感觉我目前的工作能帮我实现未来的职业目标；我目前的工作与我未来的职业发展相关。自评量表的 alpha 系数是 0. 77，两个问项的 Pearson 相关系数为 0. 75。Bedeian 等（1991）也开发了上级评价量表，因为他们认为员工的直接上级具有同样的话语权。上级评价量表也有两个问题：他在组织中将会实现其职业目标；他在组织中可能获得成长与发展。量表的 alpha 系数是 0. 86，Pearson 相关系数为 0. 54。

Carmeli 等（2007）对员工组织内职业成长的研究较为深入。他用到了职业流动和职业前景两个指标，职业流动是指“员工在组织中经历的角色变化”，这种变化可以从流动数量、流动速度、流动方向和流动的发起人，以及收入的变化等方面进行评价，其中的核心维度是数量和方向。组织内职业流动的数量是指岗位变化的次数，职业流动的方向则包括横向和纵向两种模式。横向流动是指某一层级上的岗位变化并未带来工作或组织职责的显著变化，而纵向流动是指向上晋升到管理层级，个人的工作职责也随之发生显著改变。Carmeli 借鉴了 Judge（1999）开发的量表评价员工的职业流动状况，该量表包括三个问题：（1）员工在担任现职位之前曾经从事过几项工作?（2）这些职位有多少个是横向流动的?（3）这些职位有多少个是纵向流动的?量表的 alpha 系数是 0.78。职业前景即指晋升可能性，是对组织中的个体未来获得晋升的概率估计，它是组织内职业成长的核心。

Greenhaus 等（1990）曾以管理人员为对象从两个方面对职业前景进行评价，一是让其上级直接评价其晋升的可能性有多大，“你认为该员工在组织内晋升到更高职位的可能性有多大?”回答采用四级量表形式（4 = 高可能性，1 = 没有可能）；二是评价他们是否已经进入职业停滞，对该维度的衡量依据管理者任职现岗位的工作期限。根据 Veiga（1981）、Gould 和 Penley（1984）的研究成果，如果管理者在现岗位工作已满 7 年甚至更长时间，他们就被认为处于职业停滞状态。尽管岗位任期并不能直接评价个体是否到达职业停滞，但是长时间待在一个岗位上确实限制了其向上流动的前景。事实上，根据对现有管理者群体的观察，7 年是他们在一个岗位上平均任期 3.44 年的两倍还要多。岗位任期与上级对其晋升可能性评价之间的相关系数为 -0.20，而岗位任期与管理者个人对其职业成长机会的感受的相关系数为 -0.25，上述两个系数均为我们衡量职业停滞状态提供了进一步的支持。

Wei Zhao Xue 等（2008）在研究一家跨国银行的组织内职业成长与自愿离职的关系时指出，组织内职业成长指标可能包括现有职业成就、近期的向上流动和未来的职业前景三个方面。员工的现有职业成就主要表现为薪资和职位（March and Simon，1958）。薪资是指某人因其工作而获得的收入水平，它是最基本、最容易量化的工作奖励。职位是指在组织层级中的不同职位或头衔（Rosenbaum，1979），它与组织结构中的职权和威望密切相关（March and Simon，1958）。由于员工在职位不高的情况下也可能获得高薪资，因此薪资常常不能很好地代表职位的高低（Rosenbaum，1979）。近期的向上流动是指近期发生的晋升事件。职业成长是一个动态的过程，正如显著的薪资增长表明对员工绩效的认可，员工的地位增长（晋升）也表明了其上级的选拔偏好。大幅度的薪资增长和及时的晋升都标志着员工更为适应组织（Lazear，1999）。未来的职业前景是指向上流动的可能性。从结构化的职位设计中我们通常能看到各种各样的晋升可能性。实证研究也发现未来的晋升机会影响了自愿离职，从而也影响了职业成长（Petersen et. al.，1989；Scholl，1983）。

Loscertales（2007）认为衡量职业成长必然涉及个体在组织中为更好地获取资源以及获得更高职位所必需具备的能力。Carnevale 等（1988）认为，职业能力会提升员工在工作中或是就业市场的个人价值，他们进行工作转换时也更顺畅。Rosenberg 等（2011）则以工作1～2 年的毕业生为研究对象，总结了八种预测其未来职业成长的基本雇佣能力（Overtoom，2000）①：基本读写与计算能力（SCANS②，1991）；创造性思维能力（SCANS，1991）；管理能力（Schermerhorn，2008）③；领导能力（Schermerhorn，2008）；人际关系能力（SCANS，1991）；信息技术能力（SCANS，1991）；系统思考能力（Senge，2000）④

---

① Overtoom（2000）认为，基本雇佣能力是指可以转移的关键核心能力，它能使所需要的知识、技能和能力在各个雇佣层次获得成功。

② SCANS 是指美国劳工部下的部长委员会，成立于 1991 年，专为毕业生获取必要的雇佣技能而设定，用以帮助美国工业在生产率和创新方面保持全球竞争优势。SCANS 界定的基本读写与计算能力是指听、说、读、写以及基本的数学运算能力。其中，读是指对书面信息进行解释的能力；写是指用书信和报告沟通想法的能力；数学能力是指通过使用各类数学技法解决实际问题的能力。创造性思维能力是指思维创新、制定决策和解决问题的能力；人际关系能力是指在团队中工作、帮助他人学习、提供客户服务、商讨以达成一致意见、处理差异以及在跨文化组织中工作的能力；信息技术能力是指选择程序、设备和工具以获取和评价数据的能力。

③ Schermerhorn（2008）界定的领导能力是指激励他人实现组织目标的能力，有效领导的典型特征包括责任、自尊以及正直和诚实；管理能力是指为满足组织目标而实施的计划、组织、领导和控制能力。

④ Senge（2000）界定的系统思考能力是指理解社会系统、组织系统和技术系统并能在其中运行的能力。其中设计系统并提出改进建议、解释系统间的相互作用是核心。

和工作伦理倾向[①]。其中，领导能力并不是解决问题本身，相反，它是帮助人们理解问题并引导和辅导他们去驾驭这些问题；创造性思维能力与领导能力相关，且直接影响职业成长（Sergiovanni，2005）；人际关系能力直接影响职业成长潜力（Loscertales，Allen and Weert，2007）；沟通和领导能力也与职业成长潜力相关（Troppe and Carlson，2006）。

翁清雄和胡蓓（2011）通过实证研究构建了一个员工自评式职业成长量表，包含职业目标进展、职业能力发展、晋升速度和报酬增长四个维度十五个测量题项。经过预试和正式测试，获得了较好的效度和信度。“职业目标进展是指目前的工作与职业目标、职业理想的相关程度；职业能力发展指目前的工作对员工的职业技能、职业知识、工作经验的促进程度；晋升速度指在目前工作组织中，员工的职务晋升速度以及晋升的空间；报酬增长指在目前组织中员工的报酬增长速度”（翁清雄，胡蓓，2011）。他们由此把职业成长操作性界定为上述四个维度的并列构想，即职业成长就是指员工在当前组织内部的职业进展速度。

综上所述，国外学者对职业成长的衡量是通过客观指标和主观指标两大类进行的，客观指标是指对个人职业成长的定量评价，包括加薪次数、岗位平行调整次数和晋升次数。主观指标包括个体对未来的晋升可能性、职业成长潜力以及职业能力提升的主观感受与评价。主观职业成长和客观职业成长相互依赖、相互作用（Judge et al.，1997），在研究员工组织内职业成长时，主观指标和客观指标缺一不可，两者共同构成衡量职业成长的较为平衡的工具。

---

① Rosenberg（2011）界定的工作伦理指的是个体的工作意向，包括出勤状况、准时性、受激励程度、按时完成任务的能力、耐心、态度、依赖性、专业性、对工作要求和职业发展的真实期望等。

第3章 理论模型与研究假设的构建

3.1 研究模型的构建

本书主要从组织社会化理论的三个研究视角出发，分别研究其对新员工工作适应和职业成长的影响机理，其中在研究组织社会化与工作适应两者之间的关系时，选择性别和新员工类型分别作为调节变量，比较不同的组织社会化策略对男性新员工和女性新员工工作适应的影响差异，比较不同的组织社会化策略对毕业生和工作转换者工作适应的影响差异，比较不同的主动社会化行为对毕业生和工作转换者工作适应的影响差异，以及比较组织社会化策略和主动社会化行为的交互对毕业生和工作转换者工作适应的影响差异。另外，本书还探讨了工作适应在组织社会化策略、主动社会化行为与新员工职业成长之间的中介效应，并就组织社会化策略与主动社会化行为对新员工工作适应和职业成长的贡献进行了比较分析。本书的理论模型如图 3.1 所示。

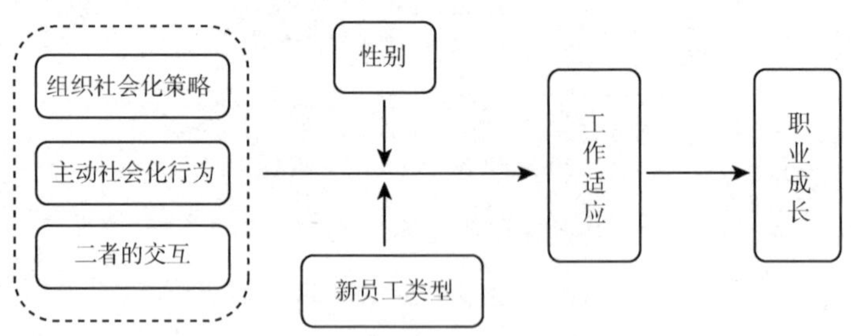

图 3.1　本书的研究模型

3.2　研究假设的设定

3.2.1　组织社会化策略与新员工工作适应的关系及新员工类型的调节作用

组织社会化策略对新员工工作适应的影响研究主要针对没有工作经验的毕业生。学者们普遍认为制度化的社会化策略更有利于新员工的工作适应。例如，Jones（1986）认为，制度化策略会使新员工体验到较低水平的角色冲突、角色模糊，并且拥有较高水平的工作满意感和组织承诺；Ashforth 和 Saks（1996）除了证实了 Jones（1986）关于制度化策略对角色冲突和角色模糊的影响之外，还发现制度化的社会化策略对员工压力感受和离职意愿的负面影响。Jaskyte（2005）探讨了组织社会化策略对新员工角色模糊、角色冲突的影响作用，再次验证了前人的结论。Saks 和 Gruman（2011）发现，制度化的社会化策略与个人—组织匹配积极相关；Perrot（2014）认为，制度化社会化策略与任务掌握、角色创新之间的关系要受到组织支持感的调节。胡冬梅（2013）认为，制度化社会化策略正向预测新员工工作适应，但是对工作满意度和离职倾向的影响较小。

对于工作转换者的研究不多，学者们普遍认为制度化的社会化策略对毕业生工作适应的影响大于对转换者工作适应的影响。例如，Ashforth（2007）认为，在组织进入阶段，没有工作经验的毕业生可能特别脆弱，对任何有关社会化的线索都有敏锐的感知度，因此组织社会化策略对他们的影响可能大于工作转换者。Bauer（2007）和 Saks（2007）认为，与那些有经验的新员工相比，制度化社会化策略对毕业生的影响更为积极。Kramer（1993）认为毕业生更有可能寻求组织帮助而不是热衷于打造自己的角色。国内学者何辉（2015）发现，组织社会化策略对新员工工作适应有积极显著影响，且制度化社会化策略对毕业生工作适应的影响大于对工作转换者的影响。

基于以上分析，本书提出如下研究假设：

假设1：组织社会化策略积极影响新员工工作适应。

假设2：新员工的类别在组织社会化策略与新员工工作适应之间起正向调节作用。与有工作经验的转换者相比，制度化社会化策略对毕业生工作适应的影响可能更为显著。

3.2.2 性别在组织社会化策略与工作适应之间关系的调节作用

到目前为止，性别对组织社会化策略和后果的影响研究并不多见。国内学者孙步宽（2011）通过实证分析发现大学毕业生在工作适应方面存在性别差异，除了任务掌握以外，女大学生在角色明晰、社会整合和工作适应总分上均高于男大学生，且显著差异。他解释说这是由于“社会对男性的要求较高，他们感受到的压力较大；女性由于自身的性别角色和个性优势，往往能更好地与工作环境中的同事发展人际关系并融入工作环境中”。他认为这种性别差异可能是就业压力、社会期望、心理等因素共同造成的。何辉（2013）对组织社会化策略对女性员工职业发展的影响进行了研究综述后发现，个人的、非正式的、随机的、固定的、分离的和授予的组织社会化策略将会促进女性的职业发展。

过去十年间，国外学者集中研究了辅导关系对女性员工的重要性，如辅导关系对个人的组织开发、职业发展和工作满意都有影响（Burke，1984；Scandura，1992），辅导关系能够提供更多的组织支持，这会带来女性新员工积极的角色模仿和主动的信息寻求行为（Lankau and Scandura，2002）。尽管辅导关系能够帮助女性更好地适应工作和环境，但是由于女性新员工入职后要比男性面临更多的人际交往障碍，这就妨碍了她们与潜在的教练（导师）建立并发展关系。

且 Scandura 和 Williams（2001）发现，即使女性新员工主动要求辅导，她们所获得的辅导也要少于男性。

更进一步，学者们还讨论了上级在女性新员工社会化过程中所扮演的角色。Miller 和 Jablin（1991）认为，作为社会化的“代理人”，上级的角色在女性新员工入职初期表现得尤为显著，原因可能在于上级能阻止来自男性同事的歧视，或者上级本身更愿意帮助女性新人。Atzori（2008）研究了意大利军队中新兵组织社会化的影响因素，他发现尽管上级支持对男女新兵形成具有凝聚力的工作氛围都很重要，但是对于女性士兵来说，上级支持还会影响她们学习军队的价值观和目标。他认为，上级的支持对新兵学习军队中的权力关系和层级结构是非常重要的，但这一点仅适用于女性士兵。这就能解释为何女性在融入一个不熟悉的工作环境时会遇到障碍——特别是在入职初期几个月内，她们除了要学习如何工作以外，还必须找到尽快成为组织“老兵”的最为恰当的渠道，这样才能理解组织伦理并避免歧视。相反，男性新员工在融入组织的过程中并没有遭遇类似女性的障碍，因此与上级的亲密关系对他们的社会化可能并没有明显的益处，而且他们也可能使用其他渠道（如与其他男性新员工建立联系等）实现社会化。因此，上级支持能帮助女性新员工构建必要的社会网络联系以尽快融入组织，完成社会化，而上级支持大多表现为给新员工指定有经验的组织成员对其进行辅导或新员工的角色模仿，这就意味着伴随的策略更可能有利于女性新员工的组织社会化。由此本书提出如下假设：

假设 3：性别调节组织社会化策略与新员工工作适应之间的关系。与男性新员工相比较，制度化社会化策略更有利于女性新员工的工作适应。

假设 3a：性别调节伴随策略与新员工工作适应之间的关系。与男性新员工相比较，伴随策略更有利于女性新员工的社会整合。

与伴随策略紧密关联的是授予策略。授予策略肯定并认可新员工的固有特征，并不希望改变他们，相反，组织还可能充分利用新员工的这些特征。所以与毕业生相比，组织可能更愿意雇佣那些拥有特定资源的有经验的新员工。Van Maanen 和 Schein（1979）认为授予策略积极支持新员工的已有经验，这会强化新员工的自信心并直接带来创新的角色倾向，而剥夺策略会导致保守倾向。从性别角度来看，由于社会角色理论通常认为女性新人不具备获得职业成功所必备的知识、技能和动机等条件（M. D. Fottler and Brain，1980）。Ragins 和 Mattis（1998）认为女性尤其是拥有管理职位的女性必须不断地超越男性才能在工作中被肯定和认可，抵消消极的性别假设。女性员工普遍认为，每当面临复杂性和挑战性的任何新任务时，她们往往事先被看作是不能完成的，而她们的男性同事则被认定是可信赖且能完成的，所以她们必须要在接受任务之前重新建立自己的声誉，完成任务之后还要再次证明自己的声誉（Ragins and Mattis，1998）。因此，除了向女性新员工提供支持性的社交网络（如辅导）帮助她们了解组织、进行积极的工作适应之外，更重要的是组织社会化策略必须能够帮助她们对自己拥有的技能与知识建立自信（Ibarra，1993），即向别人证实她们是可足够信赖的，这种自信也能直接带来对角色的认知与创新。

虽然男女新员工使用授予的和伴随的策略都会适应得很好，争论的焦点在于对那些传统上被认为是男人主导的职业，女性可能从社会化过程中享受到更多的福利和支持（Van Emmerik，2002）原因在于授予的和伴随的社会化策略本来就更符合女性的行为偏好。由此，本书提出如下假设：

假设 3b：性别调节授予策略与新员工工作适应之间的关系。与男性新员工相比较，授予策略更有利于女性新员工的角色清晰。

在女性的职业生涯中，如果没能从同事和上级那里获得积极的线索，她可能会产生与周围环境格格不入的疏离感。对于一个女性新员工来说，融入群体，尤其是被男性主导的群体是非常困难的，除非该群体能够提供强大的适应机制（Ingram，2006）。另外，女性在一些专业领域内所面临的玻璃屋顶也可能部分源自于入职初期辅导和社会化过程的缺失（Eden，1992）。尽管在辅导和社会化过程中显现出来的性别差异的结论并不一致（Turban，2002），但是女性新员工融入群体并学习角色和任务的机会仍然会影响其社会整合和角色明晰的程度。与男性相比，女性员工表现出更多的人际倾向，她们更能够对付那些难缠的同事（Dodd-McCue and Wright，1996）。因此，女性沟通更多的是出于亲近他人的考虑。有些学者认为，女性的社会化是典型的关心他人、强调群体参与的过程（Eagly，1987）。这种亲近和盟约关系通过集体的社会化策略在新员工之间建立起来。由此本书提出如下假设：

假设 3c：性别调节集体策略与新员工工作适应之间的关系。与男性新员工相比较，集体策略更有利于女性新员工的角色明晰和社会整合。

没有证据或理论显示通过正式的、固定的和连续的社会化策略而进行的结构化培训会带来任何与性别相关的效果差异。性别对任务掌握的调节效应不做假设，因为缺乏相关的数据和理论支撑。

3.2.3　主动社会化行为与新员工工作适应的关系及新员工类型的调节作用

新员工主动社会化行为就是指新员工积极主动地寻求互动机会，以便尽快融入岗位和组织的行为。新员工主动社会化行为的研究成果很多，这些成果的焦点集中在新员工搜集整合信息和与其他组织成员（包括上级与同事）构建关系的行为上。其中搜集整合信息包括新员工努力了解组织中的正式与非正式的规则与规范，并从上级和同事那里搜集有关自身绩效的反馈；构建关系行为既包括参加单位组织的社交聚会等一般社会化行为，也包括主动寻找机会与同部门或不同部门的人员交谈，以及努力了解、接触上级等行为。Jie Wang 等（2013）发现了开发人情关系这一具有强烈中国背景的新员工主动社会化的行为维度，它以非正式的人际关系为基础，以无限的利益交换为特征。何辉（2015）证实了这一新增的主动社会化行为维度。

主动社会化行为对新员工工作适应的影响研究大多没有区分毕业生和工作转换者，其研究结论也基本一致，即新员工的主动社会化行为积极影响工作适应的近端和远端结果。例如，Wanberg 等（2000）发现，新员工的反馈搜寻和关系构建行为能使他们对角色的认知更加清晰，人际关系更为融洽，工作满意度提升，离职意愿降低。Chan 和 Schmitt（2000）则研究了新员工的网络联系行为对社会化后果的影响，他发现新员工主动与上级和同事构建关系有助于其承担组织角色，也能获得同事的友谊和其他社会支持。Ashforth 等（2007）的研究与 Wanberg 等（2000）类似，他们认为新员工组织知识的搜集与获取行为可能有利于其提升工作绩效和发展人际联系。Saks 等（2011）也发现，反馈寻求、一般社会化及与上级关系的构建行为都能积极预测新员工的任务掌握和社会整合水平。Tang（2014）研究了零售企业新员工的主动社会化行为，发现观察行为对员工组织承诺和离职倾向的影响最为强烈，询问行为对员工学习工作相关的知识有一定的影响。

国内学者的研究也集中在信息搜集和构建关系方面，如吴照云和邢小明（2010）发现，员工的信息搜寻和绩效反馈行为对组织承诺有直接正面影响。何辉（2015）发现，信息与反馈搜寻、一般社会化和构建网络联系等主动行为均对新员工任务掌握、角色清晰和社会整合等近端结果有显著正向影响，对组织认同和工作满意度等远端结果影响也较为显著，对离职倾向的预测能力较差。

专门针对工作转换者的研究很少，例如，Feldman 和 Brett（1983）认为拥有工作经验的工作转换者不太可能寻求组织帮助而是热衷于打造自己的角色，他们会更多依靠自己的主动适应战略。

Cooper-Thomas（2012）总结了有工作经验的转换者的三类主动适应战略：改变角色或环境、改变自己或寻求信息和相互开发，在此基础上，通过对位于伦敦的一个大型专业服务组织 86 名工作转换者的调查，新增了最小化、证实、给予、成为朋友、团队协作、交换和赞美等 7 种战略，并指出上述主动行为与他们最初的适应状况积极相关。由此提出如下假设：

假设 4：新员工主动社会化行为积极影响他们的工作适应。

假设 5：新员工的类别在主动社会化行为与新员工工作适应之间起负向调节作用。与没有工作经验的毕业生相比，工作转换者采取高水平的主动社会化行为有利于其更好的工作适应。

3.2.4 组织社会化策略与主动社会化行为的交互和新员工工作适应的关系研究

随着组织社会化理论研究的不断深入，越来越多的学者开始意识到管理实践中无论是组织社会化策略或是新员工主动社会化行为都不大可能在社会化过程中单独发挥作用，组织采取的社会化策略与新员工实施的主动行为很有可能相互作用，共同影响社会化的后果，这是组织社会化研究的交互视角。很多学者得出了有价值的研究结论。例如，Saks 和 Ashforth（1997）发现，当组织社会化策略偏制度化时，员工的信息搜寻行为较高，且在社会化策略与工作满意感、组织承诺、离职意愿之间起部分中介作用。Griffin 等（2000）构建了新员工主动社会化行为和组织社会化策略相互作用的理论模型，但该模型缺乏实证支持。Copper-Thomas 和 Anderson（2002）研究了组织社会化策略、员工的信息寻求行为以及工作态度之间的关系，发现信息搜寻行为也起到中介作用。Kim（2005）研究了主动社会化行为在制度化策略与人—组织匹配之间的调节效应，结果显示积极构想和一般社会化行为具有正向调节作用，信息寻求与反馈和构建网络联系具有负向调节作用。Gruman 等（2006）的研究发现，制度化社会化策略积极影响新员工主动社会化行为，其中信息寻求与反馈负向调节组织社会化策略与社会整合、工作满意度、离职倾向和人—组织匹配之间的关系。国内关于组织社会化交互视角的研究相对较少。姚琦和乐国安（2008）构建了组织社会化的个体—环境交互作用模型，指出新员工主动社会化行为对组织社会化策略与后果之间的关系既有调节也有中介效应。李超平（2014）以 3 项不同时间尺度的跟踪研究，探索了新员工组织社会化的动态与交互过程的研究构想。何辉（2015）研究发现，新员工主动社会化行为的各个维度（包括信息搜寻与反馈、一般社会化、网络联系与开发人情关系）在组织社会化策略与工作适应近端后果之间的关系均起到正向调节作用。

在现有研究组织社会化策略与新员工主动社会化行为交互作用的文献里，大多以没有工作经验的毕业生为研究对象，学者们各自验证了主动社会化行为在组织社会化策略与工作适应之间的调节或中介效应，但是验证结果有所不同。本书将在检验主动社会化行为维度的基础上，验证组织社会化策略与主动社会化行为的交互对新员工工作适应的影响，由此提出如下研究假设：

假设 6：组织社会化策略与主动社会化行为的交互积极影响新员工工作适应。随着新员工主动社会化行为的增加，制度化社会化策略对新员工工作适应的影响逐渐增强。

3.2.5 组织社会化策略、主动社会化行为与新员工类别的三维交互对新员工工作适应的影响

在现有研究组织社会化策略与新员工主动社会化行为交互作用的文献里，大多以毕业生为研究对象，学者们认为主动社会化行为或者调节或者中介了毕业生在组织社会化策略与工作适应之间的关系。对工作转换者的研究，现有文献大多集中在他们如何采取积极的主动社

会化行为以提高工作适应水平方面。早期的研究来自 Feldman 和 Brett（1983），他们认为拥有工作经验的转换者更可能采取主动行为以适应工作，但此结论缺乏实证支持。Beyer 和 Hannah（2002）认为有经验的新员工面对新的情境时能应付自如，以往的工作经验有助于他们把头脑中形成的工作期望和行为规范具体化。Cooper-Thomas（2012）曾经总结了工作转换者包括改变角色和环境在内的三类主动适应战略和诸如证实、给予、交换和赞美等七种主动社会化行为。很少有研究专门针对有经验的工作转换者，探究其主动社会化行为如何影响组织社会化策略与工作适应之间的关系。

按照新员工的类别和采取主动社会化行为的高低不同，本书考虑到如下四种情境：（1）毕业生采取高主动社会化行为；（2）毕业生采取低主动社会化行为；（3）工作转换者采取高主动社会化行为；（4）工作转换者采取低主动社会化行为。

以往研究发现，组织社会化策略对毕业生和转换者工作适应的影响可能存在差异（何辉，2015）；在组织社会化过程中，毕业生更有可能寻求组织帮助，而工作转换者会更多依赖自己的主动调适战略（Feldman and Brett，1983），这意味着主动社会化行为对毕业生和转换者工作适应的影响也可能存在差异。因此，组织社会化策略、主动社会化行为与新员工类别的三维交互对工作适应的影响也可能存在差异。本书由此提出如下假设：

假设 7：新员工主动社会化行为与新员工类别的交互对组织社会化策略与新员工工作适应之间的关系具有调节作用。

3.2.6　职业成长的构念与测量

现有研究对职业成长的构念与测量还没有获得成熟的得到公认的成果。本书在借鉴职业成功的主客观测量法的基础上，把职业成长的测量也分为主观指标和客观指标。按照构念形成的一般原则，对国内外学者关于职业成长及指标的相似观点进行了合并，其余部分采取叠加的原则，最后初步总结出职业成长的构念及指标维度。

主观指标是指个体对未来在组织内获得职业进步的评价与感受。本书总结以往学者的研究成果，把主观指标界定为晋升可能性（即职业前景）（Carmeli et al.，2007）、职业潜力（Bedeian，1991；翁清雄、席酉民，2011）以及职业能力提升（Loscertales，2007；翁清雄、席酉民，2011）等。其中晋升可能性是对个体在组织中未来能够获得晋升机会的估计（Greenhaus，1990）；职业潜力直接选用Bedeian（1991）的定义，是指个体未来获得职业发展的可能性或是对目前工作所取得成就的期望效用；职业能力提升是指个体对自身在组织中是否提升了基本读写与计算能力、创造性思维能力、管理能力、领导能力、人际关系能力、信息技术能力、系统思考能力和工作伦理倾向等八种能力的自我评价，这八种能力都与获取组织资源以及获得更高职位密切相关。

客观指标包括薪资的增长次数和职位层级的变动次数。这是大多数国内外学者公认的衡量职业成长的客观维度。其中职位层级的变动引用Carmeli等（2007）提出的“职业流动”概念，分为横向流动和纵向流动两类。横向流动是指个体在组织内的岗位调整次数，并未带来工作职责的显著变化；而纵向流动就是个体在组织内的晋升次数，工作职责发生显著改变。由此提出如下假设：

假设8：职业成长的测量指标分为主观指标和客观指标两大类：其中主观指标包括晋升可能性、职业潜力和职业能力提升；客观指标包括薪资的增长次数、岗位调整次数和晋升次数。

3.2.7 工作适应在组织社会化策略与职业成长之间的中介作用

作为组织社会化的主要后果，工作适应的衡量可从近端结果和远端结果两个方面进行，两者的主要区别在于时间，即近端结果侧重当前，如角色创新、角色模糊、任务掌握、人际整合等；而远端结果侧重长远，如工作满意度、离职意向、组织承诺、工作绩效等。远端结果往往由近端结果进一步导致。例如，Saks 和 Ashforth（1997a）在他们提出的组织社会化过程模型中指出，近端后果要先于远端后果发生，并会影响远端后果。Saks 等（2007）通过实证研究也发现，新员工的角色模糊、角色冲突和匹配感知等近端后果会对工作适应的部分远端后果如组织承诺、工作满意度、工作绩效和离职倾向等产生显著影响。由于职业成长的内涵与工作适应的远端结果相类似，制度化的社会化策略可能会通过新员工的角色定位和对工作任务的掌握等工作适应的近端结果积极预测他们未来的职业成长。由此提出如下假设：

假设9：工作适应在组织社会化策略与新员工职业成长之间起中介作用。

假设9a：工作适应在组织社会化策略与新员工客观职业成长之间起中介作用。

假设9b：工作适应在组织社会化策略与新员工主观职业成长之间起中介作用。

3.2.8　工作适应在主动社会化行为与职业成长之间的中介作用

通过文献综述可知，工作适应的衡量可从近端结果和远端结果两个方面进行，远端结果往往由近端结果进一步导致。国外学者如 Bauer 等（2007）验证了近端后果（角色清晰、自我效能和社会接受）在信息搜寻与远端后果（工作满意度、组织认同、工作绩效和工作流动）之间的中介效应。国内学者如谭亚莉（2009）也得出了类似的结论：角色清晰和工作满意感有关，社会整合对组织承诺和工作绩效都产生显著影响。何辉（2015）发现，除了任务掌握在新员工主动社会化行为和离职倾向之间不起中介作用以外，角色清晰和社会整合均在主动社会化行为和工作满意度、组织认同和离职倾向之间起部分或完全中介作用。由于职业成长的内涵与工作适应的远端结果相类似，新员工的主动社会化行为同样可能会通过自身的角色定位和对工作任务的掌握等积极预测其未来的职业成长。基于此，本书提出如下假设：

假设 10：工作适应在新员工主动社会化行为与新员工职业成长之间起中介作用。

假设 10a：工作适应在新员工主动社会化行为与新员工客观职业成长之间起中介作用。

假设 10b：工作适应在新员工主动社会化行为与新员工主观职业成长之间起中介作用。

3.2.9 组织社会化策略和主动社会化行为对工作适应和职业成长的贡献分析

贡献分析是指比较组织社会化策略与主动社会化行为对新员工工作适应与职业成长的影响大小。已有的文献缺乏对贡献分析的直接研究，大多是从交互作用的视角进行。例如，Griffin 等（2000）构建了新员工主动社会化行为和组织社会化策略相互作用的理论模型。Kim（2005）研究了主动社会化行为在制度化策略与人—组织匹配之间的调节效应，发现信息寻求与反馈和关系构建起负向调节作用。Gruman 等（2006）发现信息寻求和反馈对制度化社会化策略与社会整合、工作满意度、离职倾向和人—组织匹配之间的关系起负向调节作用。国内学者姚琦和乐国安（2008）构建了组织社会化的个体—环境交互作用模型，指出新员工主动社会化行为对组织社会化策略与后果之间的关系既有调节也有中介效应。何辉（2015）发现，新员工主动社会化行为在组织社会化策略与工作适应的近端结果之间起正向调节作用。

可见，在组织社会化策略与新员工主动社会化行为的交互研究中，学者们通常选择把组织社会化策略或新员工主动社会化行为一方作为主效应，研究两者如何相互作用共同促进新员工的组织社会化。但是在新员工社会化的过程中，组织和员工个体到底谁发挥更大的作用？以往的研究并未给出回答。尽管大多数研究都把组织社会化策略的影响作为主效应，把主动社会化行为作为调节效应，但对于这种调节是正向还是负向作用也未达成共识。这可能意味着与主动社会化行为相比，组织社会化策略对新员工社会化后果的影响更为强烈。由此本书提出如下假设：

假设 11：组织社会化策略对新员工工作适应的影响可能大于主动社会化行为。

假设 12：组织社会化策略对新员工职业成长的影响可能大于主动社会化行为。

假设 12a：组织社会化策略对新员工主观职业成长的影响可能大于主动社会化行为。

假设 12b：组织社会化策略对新员工客观职业成长的影响可能大于主动社会化行为。

3.3　研究假设的汇总

序号	假设内容
组织社会化策略与新员工工作适应的关系及新员工类型对两者之间关系的影响	
H1	组织社会化策略积极影响新员工工作适应
H2	新员工的类型在组织社会化策略与新员工工作适应之间起正向调节作用。与有工作经验的转换者相比，制度化的社会化策略对毕业生工作适应的影响更为显著
性别对组织社会化策略与新员工工作适应之间关系的影响	
H3a	性别调节伴随策略与新员工工作适应之间的关系。与男性新员工相比较，伴随策略更有利于女性新员工的社会整合

续表

序号	假设内容
H3b	性别调节授予策略与新员工工作适应之间的关系。与男性新员工相比较，授予策略更有利于女性新员工的角色清晰
H3c	性别调节集体策略与新员工工作适应之间的关系。与男性新员工相比较，集体策略更有利于女性新员工的角色明晰和社会整合
主动社会化行为与新员工工作适应的关系及新员工类型对两者之间关系的影响	
H4	新员工主动社会化行为积极影响他们的工作适应
H5	新员工的类别在主动社会化行为与新员工工作适应之间起负向调节作用。与没有工作经验的毕业生相比，工作转换者采取高水平的主动社会化行为有利于其更好的工作适应
组织社会化策略与主动社会化行为的交互对新员工工作适应的影响	
H6	组织社会化策略与主动社会化行为的交互积极影响新员工工作适应。随着新员工主动社会化行为的增加，制度化社会化策略对新员工工作适应的影响逐渐增强
新员工类型对组织社会化策略与主动社会化行为的交互和新员工工作适应之间关系的影响	
H7	新员工主动社会化行为与新员工类别的交互对组织社会化策略与新员工工作适应之间的关系具有调节作用
职业成长的构念	
H8	职业成长的测量指标分为主观指标和客观指标两大类：其中主观指标包括晋升可能性、职业潜力和职业能力提升；客观指标包括薪资增长次数、岗位调整次数和晋升次数
工作适应在组织社会化策略与新员工职业成长之间的关系研究	
H9a	工作适应在组织社会化策略与新员工客观职业成长之间起中介作用
H9b	工作适应在组织社会化策略与新员工主观职业成长之间起中介作用
工作适应在新员工主动社会化行为与其职业成长之间的关系研究	
H10a	工作适应在新员工主动社会化行为与新员工客观职业成长之间起中介作用
H10b	工作适应在新员工主动社会化行为与新员工主观职业成长之间起中介作用
组织社会化策略和主动社会化行为对新员工工作适应和职业成长的优势分析	
H11	组织社会化策略对新员工工作适应的影响可能大于主动社会化行为
H12a	组织社会化策略对新员工客观职业成长的影响可能大于主动社会化行为
H12b	组织社会化策略对新员工主观职业成长的影响可能大于主动社会化行为

第4章　研究设计与问卷的预分析

4.1 各变量的测量

除了职业成长以外，测量工具均采用现有研究中已开发的量表，并结合我国文化背景和语言习惯进行翻译整理，形成本书中各个变量的测量量表。问卷采用里克特5点计分制，1代表“非常不符合”，2代表“不符合”，3代表“不确定”，4代表“符合”，5代表“完全符合”。问卷采用自我报告法，要求被试根据工作场所的真实情况和自己的感受进行回答。

（1）组织社会化策略。

组织社会化策略问卷采用的是Jones（1986）编制的简化问卷，该问卷在中国样本中被多次使用。其中情景要素、内容要素和社会要素各自4个题项，形成了诸如“单位安排所有的新员工接受相同的岗前培训”等12个问项。

（2）主动社会化行为。

新员工主动社会化行为的研究成果很多，我国学者在新员工主动社会化研究中，大多根据自身研究需要抽取部分维度和题项进行测量（何辉，2015；赵斌等，2013；吴照云、邢小明，2010），本书抽取最为常见的信息搜集与反馈、一般社会化和构建网络联系三个维度，并新增了开发人情关系这一维度。前三个主动社会化行为维度本书拟采用Ashford和Black（1996）的问卷，共计17个问项（如“我会在任务完成后搜集有关自身绩效的反馈信息”等），开发人情关系维度本书拟采用Jie Wang和Tae-Yeol Kim（2013）设计的7个问项（如“我会给那些可能对我未来发展有利的同事买饭或送他们小礼物”等）。

（3）工作适应。

考虑到篇幅问题，本书中的工作适应变量只涉及近端结果指标，所以采用 Morrison（1993）和 Ashford（1986）编制的工作适应问卷，国内学者谭亚莉（2005）和何辉（2015，2016）也曾利用此问卷并取得了较好的研究效果。此问卷包括任务掌握、角色明晰和社会整合等三个维度，形成了诸如“我有信心掌握了足够的工作知识和技能”等 12 个问项。

（4）职业成长。

职业成长是本书中新构建的理论构念，该变量的测量指标分为主观职业成长和客观职业成长两大类，其中主观职业成长的测量包括晋升可能性、职业潜力和职业能力提升等三个维度，其中晋升可能性包括诸如“在目前任职的单位，我有很大的机会获得晋升”等四个问项，职业潜力包括诸如“我目前的工作能为我将来提供较好的发展机会”等三个问项，职业能力提升包括诸如“我认为我的管理能力在本单位获得了提升”等八个问项。客观职业成长的测量包括薪资的增长次数和职位层级的变动次数等 3 个题项，如“您在目前的任职单位里总共薪资增加过几次”。

（5）控制变量。

为控制员工个人、单位和行业特征对研究带来的影响，本书将性别、年龄、学历、工作年限、岗位级别、岗位类型及单位所属行业作为控制变量。值得注意的是，本书中的工作年限不同于入职年限。工作年限是指员工自参加工作以来的年限，入职年限指员工加入本单位的年限。工作年限与入职年限的比较可以用来区分新员工的类型，如果工作年限等同于入职年限，则可认为此新员工是毕业生；如果工作年限大于入职年限，则此新员工为工作转换者。

4.2　研究方法

本书主要采用访谈法和问卷调查法，问卷调查又分为开放式和封闭式两类问卷，其中访谈法和开放式问卷用于职业成长测量指标的内容界定。问卷设计经过以下步骤：（1）针对国外量表采用倒译法形成初步题项；（2）对量表的题项进行初步测试；（3）修改部分题项的表述；（4）编制正式问卷；（5）发放问卷。除职业成长以外，本书所涉及变量的测量问卷均采用国外已经开发的较为成熟的量表。问卷包括三部分，第一部分是指导语，首先说明“问卷采用匿名的方式，问卷的数据仅用于学术研究，不涉及其他用途、我们保证对您的回答严格保密”，以消除被调查者的顾虑，然后简要阐述了调查目的和调查工作的价值；第二部分是基本信息部分，即被调查者的人口统计变量特征，包括性别、年龄、岗位、所属行业、工作年限等；第三部分是主问卷即各变量的具体测量题项，除了客观职业成长以外，其他变量均采用李克特五级量表的形式回答，由“非常不符合”到“非常符合”。

4.3 样本及数据收集

本书需要获取组织社会化策略、主动社会化行为、工作适应和职业成长的相关测量数据，这些数据无法从公开资料中获得，因此本书采用实地研究中的问卷调查和访谈法来获取需要的数据。

4.3.1 样本的选择

本书样本要求：入职 3 年以内的员工，女性员工不低于 50%，年龄控制在 20 ~ 40 岁之间；此外，为探索不同行业之间员工的职业成长是否存在差异，调查中还对被试的行业划分作了限制，制造业 30%（其中传统制造业 10%，高新技术制造业 20%），服务业 70%（其中高新技术服务业 40%，传统服务业 30%）。

4.3.2　调查的实施

本书预设采用纵向研究和横断面研究相结合的设计，第一，初始测试样本中选取入职时间不超过 1 年的新员工，职业成长追踪测试的样本必须入职满 3 年，这意味着追踪时间长达 2 年，样本流失的可能性极大，难以实现本书对组织内职业成长的探索；第二，在前期对有关职业成长的访谈和开放式问卷调查中，大部分被调查者均认为入职 1～2 年的新员工完全有机会获得数次加薪和岗位变动，他们也完全能体会到个人在组织内的发展前景与潜力，并因此做出离职或留守的决定；第三，在本书的研究模型中，组织社会化对新员工工作适应的影响也是本书的重点；第四，研究经费和时间的限制。因此，本书调整了先前的研究设计，只进行横断面的时点研究，但把研究对象局限到入职 3 年以内的员工，这也符合本书中对“新员工”的界定。

本书的实证调研过程分为预调研和正式调研两个部分。预调研于 2014 年 8 月底进行，在北京和上海两城市依托网络实施调查。此次调研共发放 250 份问卷，回收 235 份，其中有效问卷共 213 份，问卷的有效回收率为 85.2%。根据第一部分个人信息的回答情况，我们整理了此次被调查人员在性别、年龄、学历、行业等诸多方面的分布情况，统计结果发现本次调查对象在性别、年龄及行业分布来看均符合本书的研究目的，存在的主要问题在于入职年限在 5 年以上的被调查者所占比例过大，占比超过 30%，该部分人群对本书研究职业成长的意义不大。因此，在之后的正式调查中，本书对入职年限的分布进行了较为严格的限制。

此外，使用预试样本数据对新员工主动社会化行为量表和主观职业成长量表的信效度进行初步检验后发现，新员工主动社会化行为中的某些题项因子载荷不符合要求，例如，“我会在任务完成后搜集有关自身绩效的反馈信息”的共同性小于0.4，且因子负荷小于0.45，但考虑到新员工主动社会化行为量表在国外研究中已比较成熟，且本书预试样本量较少，探索结果可能存在一定的偏差，故暂时将发现的四个因子载荷不符合要求的题项保留。而对主观职业成长量表的因子分析发现，题项“在目前任职的单位，我晋升到更高职位的可能性很大”在职业潜力维度上的因子载荷很高，说明该题项与职业潜力这一因子的关系非常密切。然而，根据文献的研究，该题项测量的是晋升可能性，应该与职业潜力区别开来。经访谈分析，我们认为出现此结果的原因主要有两点：一是对很多员工来讲，谈到职业成长，很容易将其等同于晋升，所以在回答题目时，很难将晋升可能性和职业潜力两个维度的题项准确区别；二是在目前构建的主观职业成长问卷中，晋升可能性的测量仅这一个题项，题项过少，测量误差大。因此，本书又根据国外学者对职业晋升可能性的界定和国外文献中关于“career prospects”或“career growth prospects”的测量题项，增添了3个对晋升可能性的测量题项（如“在目前的任职单位里，我未来的职业发展还有很大空间”）；此外，我们还将入职年限和工作年限的问项由区间的选择，改为直接填写入职和参加工作的年份，以便于更准确地区分毕业生与工作转换者的身份。

2014年10月底，本书在北京和上海两城市依托网络实施了第一次正式调研。根据本书的研究目的及第一次调查中所发现的问题，本次调查仍将女性比例控制在50%以上，年龄控制在了20岁至40岁之间，行业的分布也与预试基本相同。主要的调整在于，本次调查对象集中于入职三年以内，将入职1年以内和1～3年的员工的比例均限制为40%，其他年限的仅20%。本次调查共发放300份问卷，经过近两周的施测，共回收289份问卷，其中有效问卷258份，问卷的有效率为86%。对回收样本数据进行初步分析后并未发现本书问卷存在重大问题，样本的分布与本书预期效果基本一致，故确定此次调查问卷为本书最终使用问卷，用于进一步扩大样本量的调查。为保证样本分布具有广泛的代表性，2015 年 3 月课题组在广州和深圳两个城市中依托网络实施了第二次正式调查。调查的目标群体分布与第一次完全相同。本次调查共发放问卷 450 份，经过近两周的施测，共回收 384 份问卷，其中有效问卷 383 份，问卷的有效率为 85.1%。

综上所述，本书经两次正式调研后，共发放了 750 份问卷，收回 673 份，其中有效问卷共 641 份，问卷的有效回收率为 85.5%。

4.3.3　样本的基本信息

本书问卷调查主要针对北京、上海、广州、深圳等一线城市的企业展开，将企业中入职 3 年以内的员工作为本书调研的对象。本书最终回收样本的基本情况如表 4.1 所示：从性别来看，男性占 47.9%，女性占 52.1%，男女比例分布基本较为平衡；从新员工类型来看，本书的样本以工作转换者为主，毕业生占 38.2%，工作转换者占 61.8%；从年龄来看，以 30 岁以上年轻员工为主，20 ~ 25 岁以下的占 29.2%，26 ~ 30 岁的占 38.7%，31 ~ 35 岁的占 23.1%，36 ~ 40 岁的占 9.0%；从教育程度看，本科以上学历的员工占据较大比例，本科以下的占 25.4%，本科占 64.7%，硕士研究生占 9.2%，博士研究生占 0.6%；从工作年限看，1 年以内的占 8.9%，1 ~ 3 年的占 20.3%，3 ~ 5 年的占 17.3%，5 ~ 7 年的占 18.7%，7 年以上的占 34.8%；从入职年限来看，1 年以内的占 34.3%，1 ~ 3 年的占 47.6%，3 年以上的占 18.1%，基本与本书预期一致；从企业所属行业来看，本书样本主要集中于服务业企业，其中制造业占比 35.7%，服务企业占比 64.3%；从岗位类型来看，普通技术岗占 29.6%，技术管理岗占 13.7%，普通职能岗占 26.1%，职能管理岗 17.2%，普通业务岗占比 8.1%，业务管理岗占比 5.3%；从岗位级别来看，普通员工、基层主管、中层主管和高层主管分别占比为 56.5%、

27.9%、13.9%和1.7%，超半数新员工为技术岗、职能岗和业务岗普通员工，高层主管所占比例最少。

表 4.1　　　　研究样本分布情况

<table>
<tr><th colspan="2"></th><th>频数</th><th>百分比（%）</th><th colspan="2"></th><th>频数</th><th>百分比（%）</th></tr>
<tr><td rowspan="2">性别</td><td>男</td><td>307</td><td>47.9</td><td rowspan="2">新员工类型</td><td>毕业生</td><td>245</td><td>38.2</td></tr>
<tr><td>女</td><td>334</td><td>52.1</td><td>工作转换者</td><td>396</td><td>61.8</td></tr>
<tr><td rowspan="4">年龄</td><td>20～25岁</td><td>187</td><td>29.2</td><td rowspan="4">学历</td><td>本科以下</td><td>163</td><td>25.4</td></tr>
<tr><td>26～30岁</td><td>248</td><td>38.7</td><td>本科</td><td>415</td><td>64.7</td></tr>
<tr><td>31～35岁</td><td>148</td><td>23.1</td><td>硕士</td><td>59</td><td>9.2</td></tr>
<tr><td>26～40岁</td><td>58</td><td>9.0</td><td>博士</td><td>4</td><td>0.6</td></tr>
<tr><td rowspan="5">工作年限</td><td>1年以内</td><td>57</td><td>8.9</td><td rowspan="3">入职年限</td><td>1年以内</td><td>220</td><td>34.3</td></tr>
<tr><td>1～3年</td><td>130</td><td>20.3</td><td>1～3年</td><td>305</td><td>47.6</td></tr>
<tr><td>3～5年</td><td>111</td><td>17.3</td><td>3年以上</td><td>116</td><td>18.1</td></tr>
<tr><td>5～7年</td><td>120</td><td>18.7</td><td rowspan="2">所属行业</td><td>制造业</td><td>229</td><td>35.7</td></tr>
<tr><td>7年以上</td><td>223</td><td>34.8</td><td>服务业</td><td>412</td><td>64.3</td></tr>
<tr><td rowspan="6">岗位类型</td><td>技术岗</td><td>190</td><td>29.6</td><td rowspan="4">岗位级别</td><td>普通员工</td><td>362</td><td>56.5</td></tr>
<tr><td>技术管理岗</td><td>88</td><td>13.7</td><td>基层主管</td><td>179</td><td>27.9</td></tr>
<tr><td>职能岗</td><td>167</td><td>26.1</td><td>中层主管</td><td>89</td><td>13.9</td></tr>
<tr><td>职能管理岗</td><td>110</td><td>17.2</td><td>高层主管</td><td>11</td><td>1.7</td></tr>
<tr><td>业务岗</td><td>52</td><td>8.1</td><td></td><td></td><td></td><td></td></tr>
<tr><td>业务管理岗</td><td>34</td><td>5.3</td><td></td><td></td><td></td><td></td></tr>
</table>

4.3.4　本书对职业成长构念的开放式问卷调查与访谈

本书于2014年9月对选定企业的员工和管理者进行了开放式问卷调查，主题为“您觉得您在目前的单位获得职业方面的发展/进步/成长了吗？主要表现在哪些方面？”考虑到普通人并无辨识职业成长与职业发展等概念的能力，调查问卷的主题并没有对上述概念进行刻意区分，而是笼统地把职业发展、职业进步与职业成长混为一谈，也是为了方便收集数据。此次调查涉及的企业包括华为集团北京公司、中国人保深圳分公司、中国石油技术开发公司、同仁堂天然药物公司、浙江海运集团、国家知识产权局、中国寰球工程公司等十余家企业在内的 20 名普通员工和 24 名主管及以上人员。在问卷收集上来以后，对某些不清晰的回答又使用了一对一的电话访谈进行澄清。最后，对问卷调查和访谈的数据进行了整理归纳，调查对象对主题的回答如表 4.2 所示。

表 4.2　　职业成长的内容探索

回答为“是”（83.3%）	回答为“否”（16.7%）
1. 收入增长（54.1%）	1. 收入没有明显增长（100%）
2. 职位提升（43.2%）	2. 职位没有提升（100%）
3. 工作能力或技能提高（51.3%）	3. 技术技能提高不多（71.4%）
4. 获得与工作相关的知识（27 %）	4. 人际交往少（57.1%）
5. 积累了丰富的社会资源和人脉关系（27%）	
6. 积累了丰富的工作经验（19.4%）	

可见，在无任何引导的前提条件下，对调查主题不论回答“是”或“否”的调查对象，大多提到了收入、职位、工作技能或能力、人际交往。在谈到工作技能或能力时，被访者认为主要包括业务能力、决策能力、经营管理能力、人际关系处理能力、危机处理能力、沟通能力、抗压能力、外语能力、团队协作能力、综合能力等。本次调查的结果与文献综述部分的研究结论基本一致。

4.4　项目分析

由于本书设计的变量较多，为便于后面的分析，我们对每个变量及其测量指标进行了编号：（1）采用各变量的英文缩写表示其变量名称，如 OST（Organizational Socialization Tactics）代表组织社会化策略，PB（Proactive Behavior）代表主动社会化行为，NA（Newcomer Adjustment）代表工作适应，CG（Career Growth）代表职业成长；（2）每一个变量后以小写字母 a、b、c、d 区分各变量下的分维度，以阿拉伯数字区分具体题项。

在实证研究中，在对量表的信效度进行检验之前，特别是涉及重新构建的量表时，一般会先对测量题项做内在鉴定，即项目分析。项目分析主要是为了检验测量量表中所包含各个题项的适切或可靠程度。在项目分析的判别指标中，最常用的就是临界值法，目的在于求出测量量表中每一个题项的决断值（CR 值）。这种判断方法的理念就是，首先根据测量量表的总分来将被调查者区别为高分组和低分组，然后检验高低分组在各个题项上得分平均数差异的显著性，最后根据均值差异性检验结果删除未达显著水平的题项，主要包括以下六个步骤：（1）求出测量量表的总分；（2）根据量表总分进行高低排序；（3）找出高低分组上下 27% 处的得分并依据临界点分数将量表得分分成两组；（4）采用独立样本 t 检验来检验高低组在每一个测量题项上得分差异的显著性；（5）将 t 检验结果未达显著水平的题项考虑删除。除差异显著性水平（$p < 0.05$）外，还可以通过临界比值（CR 值）和各题项与量表总分的相关系数来作为测量项目的判别指标。一般而言，如果 CR 值小于 3 且或与量表总分相关系数小于 0.4 的测量题项可以考虑删除。

本书使用的组织社会化策略量表和工作适应量表为成熟量表，无须进行项目分析。而主动社会化行为量表由于新增了开发人情关系这一维度，需要与新构建的主观职业成长量表一样进行项目分析。员工主动社会化行为量表的鉴别度分析的结果显示，每一个题项皆达显著水平且决断值均大于 3.0（见表 4.3）代表量表的问题项具有区分高分组与低分组的能力。各项目与总分的相关也达到了 0.01 的显著水平，与总分的相关系数均高于 0.5，说明各题鉴别力和内部一致性都比较好。

表 4.3　　主动社会化行为量表项目分析

题号	决断值	与总分相关	题号	决断值	与总分相关
PBa_1	9.309 **	0.656 **	PBb_5	10.376 **	0.700 **
PBa_2	8.726 **	0.674 **	PBb_6	10.624 **	0.700 **
PBa_3	8.409 **	0.643 **	PBb_7	12.414 **	0.740 **
PBa_4	10.083 **	0.651 **	PBb_8	10.519 **	0.660 **
PBa_5	10.629 **	0.661 **	PBb_9	12.930 **	0.731 **
PBa_6	9.273 **	0.709 **	PBc_1	13.063 **	0.737 **
PBa_7	8.724 **	0.645 **	PBc_2	10.955 **	0.698 **
PBa_8	10.613 **	0.692 **	PBc_3	11.906 **	0.705 **
PBb_1	7.867 **	0.631 **	PBc_4	10.004 **	0.646 **
PBb_2	7.965 **	0.597 **	PBc_5	12.040 **	0.712 **
PBb_3	6.200 **	0.573 **	PBc_6	12.032 **	0.732 **
PBb_4	9.009 **	0.672 **	PBc_7	9.260 **	0.653 **

注：* P<0.05，** P<0.01，*** P<0.001。

主观职业成长量表的鉴别度分析的结果显示，每一个问题项皆达显著水平且决断值均大于3.0（见表4.4）。说明该量表的各个题项具有区分高分组与低分组的能力。并且，各项目与总分的相关系数均高于0.5，说明主观职业成长各题项的鉴别力和内部一致性都比较好。

表 4.4　　主观职业成长量表项目分析

题号	决断值	与总分相关	题号	决断值	与总分相关
CG a_1	23.187 ***	0.753 **	CG c_2	18.267 ***	0.677 **
CG a_2	23.067 ***	0.744 **	CG c_3	19.987 ***	0.694 **
CG a_3	23.920 ***	0.759 **	CG c_4	18.053 ***	0.665 **
CG a_4	17.819 ***	0.627 **	CG c_5	17.502 ***	0.639 **
CG b_1	20.403 ***	0.715 **	CG c_6	15.996 ***	0.613 **
CG b_2	23.132 ***	0.754 **	CG c_7	16.923 ***	0.648 **
CG b_3	23.445 ***	0.753 **	CG c_8	13.566 ***	0.555 **
CG c_1	12.376 ***	0.521 **			

注：* P<0.05，** P<0.01，*** P<0.001。

4.5 探索性因子分析

探索性因子分析是指抽取变量间的共同因素，用较少的构念来代表原来较复杂的数据结构，其目的在于检验量表的建构效度。本书中使用的主观职业成长量表为新构建的量表，而主动社会化行为量表尽管经过 Jie Wang 等（2013）的验证，但是他们只是单独验证了开发人情关系的 7 个题项，并未将开发人情关系这一新增维度与其他几项主动社会化行为维度一起进行探索性因子分析。而新增维度的加入，可能会引起主动社会化行为这一理论构念的因子结构发生变化，因此与主观职业成长量表一样，主动社会化行为量表在进行相关分析和回归分析之前，也需要通过探索性因子分析对测量模型的结构进行检验。一般而言，探索性因子分析主要包括以下四个基本步骤：

（1）确定前提条件。

因子分析的主要任务之一是对原有变量进行降维，即将原有变量中的信息重叠部分提取和综合成几个因子，进而最终实现减少变量个数的目的。因此，进行因子分析的原有变量之间应存在较强的相关关系。在统计研究中，通常对样本进行 KMO 和 Bartlett 球形检验，以判断测量变量是否适合进行因子分析。

（2）抽取因子。

抽取因子是因子分析的核心内容。因子抽取的方法主要有主成分分析法、主轴法、一般化最小平方法等，其中研究者最经常使用的方法是主成分分析法。一般而言，往往抽取特征值大于 1 的因子或根据已有相关理论文献直接设定因子的抽取个数。

（3）确定转轴方法。

一般在最初的因子抽取后，对因子无法作有效的解释，转轴的目的在于改变题项在各因素的负荷量的大小，转轴时根据题项与因子结构关系的密切程度，调整各因子负荷量的大小。经过旋转之后，大部分的题项在每个共同因子中有一个差异较大的因子负荷量。常用的转轴方法有最大变异法、直接斜交旋转法等，其中最大变异法被研究者采用得较多。

（4）确定因子与命名。

通过因子负荷值和因子累积解释变量确定因素，将原有测量项目综合为少数几个因子后，根据理论构想以及题目本身的含义对提取出的因子进行命名，使各因子具有可解释性。在社会科学领域，如果提取后保留的因子联合解释变异量若能达到 60% 以上，就表示提取后保留的因子相当理想；如果提取后的因子能联合解释所有变量 50% 以上的变异量，则也可以接受。

为了对数据进行探索性因子分析和验证性因子分析，本书首先使用 SPSS 20.0 统计软件，将 641 份有效样本随机平均分为两部分：第一部分样本用于探索性因子分析，第二部分样本用作验证性因子分析。差异检验显示，两部分样本在性别、年龄等特征的分布上并没有显著差异。

4.5.1　KMO 统计量与 Bartlett 球形检验

根据 Kaiser（1974）的观点，在进行探索性因子分析之前，首先可以通过 KMO 统计值和 Bartlett 球形检验水平来判断量表的题项之间是否适合进行因子分析。KMO 值在 0.90 以上，表明非常适合进行因子分析（通常 KMO 值在 0.80 以上就可以进行因子分析，在 0.60 以下时则不适合）。此外，Bartlett 球形检验达到显著水平，则代表母群体的相关矩阵间有共同因素存在，适合进行因子分析。

本书主动社会化行为量表 KMO 值为 0.909，Bartlett 球形检验结果为，卡方值为 2048.08，显著性水平 $p = 0.000 < 0.001$，达到非常显著水平；主观职业成长量表 KMO 值为 0.910，卡方值为 2556.78，显著性水平 $p = 0.000 < 0.001$，也达到非常显著水平，故表明数据样

本适合作因子分析。

4.5.2 因子结构分析

本书在进行因子分析时，按照 Kaiser 准则（Kaiser，1960），把特征根大于1 作为选取因子的原则，采用主成分分析法提取共同因素，并采用方差极大法进行因素旋转。当抽取的共同因素所包含的题项并未与事前确定的各维度包含的题项相同，导致因子无法命名时，应逐一删除不适宜的题项，最终形成最佳的分析结构。在探索性因子分析过程中，删除题项的标准为：①题项的共同性小于 0.4；②因子负荷小于 0.4；③单个题项同时在两个以上因子上的载荷大于 0.4；④自成一个因素，可考虑删除。

（1）主动社会化行为因子结构分析。

进行第一次因子分析后，与本书的理论构想并不一致。故根据以上探索方法和删除题项的标准，逐一删除后又将剩余题项进行重新探索，共经五次因子探析，删除 PBa_2、PB4a_3、PBa_6、PBa_8、PBb_5、PBb_8 六题，具体删除的题项如表 4.5 所示。

表 4.5　　主动社会化行为量表中被删除的题项

删除题项	备注
PB a_2. 我努力了解单位的重要政策和程序	原信息搜寻维度题项
PB a_3. 我努力了解单位中的"办公室政治"	原信息搜寻维度题项
PB a_6. 我会从上司那里寻求对我的评价	原信息反馈题项
PB a_8. 我会询问上司对我工作的看法	原信息反馈题项
PB a_5. 我会努力与单位其他部门的员工接触交流	原同事关系题项
PB b_8. 我会努力与上司建立良好关系	原上级关系题项

删除以上六个题项后，剩余各项目的因子负荷均大于 0.5，较好地负荷在各自的因子上，故将剩余 18 题予以保留。从剩余 18 个题项中共抽取 4 个共同因子，解释的总体方差为 57.36%。四个因子分别命

名为开发人情关系、信息搜寻与反馈、一般社会化和网络联系，因子结构如表 4.6 所示。

表 4.6　　主动社会化行为因子结构

	成分			
	开发人情关系	信息搜寻与反馈	一般社会化	网络联系
PB a_1	0.076	0.614	0.283	0.278
PB a_4	0.325	0.628	0.042	0.16
PB a_5	0.21	0.659	0.241	0.064
PB a_7	0.124	0.78	0.106	0.21
PB b_1	0.194	0.16	0.674	0.156
PB b_2	0.102	0.191	0.79	0.044
PB b_3	0.051	0.11	0.771	0.25
PB b_4	0.129	0.158	0.137	0.773
PB b_6	0.087	0.262	0.314	0.507
PB b_7	0.334	0.138	0.179	0.653
PB b_9	0.386	0.198	0.057	0.563
PB c_1	0.668	0.151	0.111	0.164
PB c_2	0.676	0.206	0.059	0.273
PB c_3	0.795	-0.012	0.07	0.212
PB c_4	0.722	0.121	-0.056	0.152
PB c_5	0.631	0.127	0.186	0.208
PB c_6	0.562	0.23	0.353	0.149
PB c_7	0.687	0.31	0.183	-0.153
解释变异	57.36%			

（2）主观职业成长因子结构分析。

第一次因子分析共提取四个主因素，累积解释变异量为 67.17%。经最大变异法旋转后，题项 CGc_2 "创造性思维能力（指思维创新、制定决策和解决问题的能力）" 在其中两个因子上的载荷大于 0.4，将该题项应该删除。删除后，对剩余题项进行了第二次因子分析，抽取 4 个公因子，累积方差贡献率达 70.72%，结果如表 4.7 所示。此时，各项目的因子负荷均大于 0.5，较好地负荷在各自的因子上，故剩余14个项目予以保留。但“职业能力提升”的八个题项分别负荷在了两个不同的因子上，其中管理能力和领导能力（题项CGc_3、CGc_4）构成一个因子，其他职业能力则构成另一个因子。由此，我们得到员工主观职业成长的四个主因素，并结合各因子项目所表达的含义，将因子一命名为“晋升可能性”，因子二为“职业潜力”，因子三为“一般能力提升”，因子四为“特殊能力提升”。

表4.7　　主观职业成长因子结构

	因子载荷			
	晋升可能性	职业潜力	一般能力提升	特殊能力提升
CG a_1	0.819	0.337	0.089	0.195
CG a_2	0.768	0.297	0.042	0.288
CG a_3	0.696	0.407	0.139	0.230
CG a_4	0.740	0.185	0.290	-0.044
CG b_1	0.320	0.768	0.205	0.077
CG b_2	0.431	0.765	0.123	0.116
CG b_3	0.346	0.785	0.188	0.184
CG c_1	0.220	-0.076	0.776	0.012
CG c_5	0.154	0.142	0.651	0.351
CG c_6	0.009	0.290	0.645	0.257
CG c_7	0.103	0.197	0.627	0.393
CG c_8	0.084	0.18	0.741	0.124
CG c_3	0.255	0.071	0.326	0.776
CG c_4	0.137	0.177	0.257	0.814
解释变异	70.72%			

4.6　验证性因子分析

验证性因子分析以特定的理论观点或概念架构作为基础，借由数学程序来确认评估该理论观点所导出的计量模型是否适当、合理，目的在于检验量表建构效度的适切性和真实性。本书采用 AMOS 20.0 进行验证性因子分析，判断结构模型与实际数据的拟合度。参照吴明隆（2009）的适配度检验统计指标及标准。

4.6.1 组织社会化策略的验证性因子分析

组织社会化策略包含三个因子，每个因子均包含 4 个测量题项，对该量表进行验证性因子分析的结果如表 4.8 所示。从表 4.8 中可以看出，三因素的组织社会化策略测量模型各适配度指标都达到了理想或比较理想的水平，其中绝对适配度指标卡方值虽达到显著水平（$p<0.05$），但由于本书样本较大，还应从其他指标来判断模型的拟合性，如 GFI = 0.948 > 0.9，RMSEA = 0.067 < 0.08；模型增值适配度指标 IFI = 0.956 > 0.9，TLI = 0.942 > 0.9，CFI = 0.955 > 0.9；模型简约适配度指标 NC = 3.904，虽略大于理想标准 3，但未超过 5，属可接受范围，PNFI = 0.727 > 0.5，PCFI = 0.738 > 0.5。综上所述，说明组织社会化策略三因子模型拟合较为理想。

4.6.2 主动社会化行为的验证性因子分析

主动社会化行为包含四个因子，对该量表进行验证性因子分析的结果如表 4.9 所示。从表 4.9 中可以看出四因素的主动社会化行为测量模型各适配度指标都达到了理想或比较理想的水平，其中绝对适配度指标卡方值达到显著水平（$p<0.05$），但由于本书样本较大，还应从其他指标来判断模型的拟合性，如 GFI = 0.939 > 0.9，RMSEA = 0.053 < 0.08；模型增值适配度指标 IFI = 0.950 > 0.9，TLI = 0.940 > 0.9，CFI = 0.949 > 0.9；模型简约适配度指标 NC = 2.802，小于理想标准 3，PNFI = 0.779 > 0.5，PCFI = 0.8 > 0.5。综上所述，说明主动社会化行为四因子模型拟合较为理想。

表 4.8　组织社会化策略模型拟合结果

量表维度	题项	因子载荷	S. E.	C. R.	绝度适配度指标			增值适配度指标			简约适配度指标		
					R^2	GFI	RMSEA	IFI	TLI	CFI	NC	PNFI	PCFI
情景因素	OST a_1	0.834			199.12	0.948	0.067	0.956	0.942	0.955	3.904	0.727	0.738
	OST a_2	0.815	0.043	23.593									
	OST a_3	0.811	0.045	22.253									
	OST a_4	0.637	0.047	16.088									
社会因素	OST b_1	0.663											
	OST b_2	0.757	0.084	15.571									
	OST b_3	0.69	0.072	14.553									
	OST b_4	0.764	0.08	15.835									
内容因素	OST c_1	0.66											
	OST c_2	0.67	0.075	13.897									
	OST c_3	0.746	0.084	14.935									
	OST c_4	0.698	0.091	14.149									

表 4.9　　主动社会化行为模型拟合结果

量表维度	题项	因子载荷	S. E.	C. R.	绝度适配度指标			增值适配度指标			简约适配度指标		
					R^2	GFI	RMSEA	IFI	TLI	CFI	NC	PNFI	PCFI
信息与反馈搜寻	PB a_1	0. 599			361. 41	0. 939	0. 053	0. 95	0. 94	0. 949	2. 802	0. 779	0. 8
	PB a_4	0. 574	0. 09	11. 648									
	PB a_5	0. 764	0. 115	13. 666									
	PB a_7	0. 725	0. 102	13. 366									
一般社会化	PB b_1	0. 773											
	PB b_2	0. 779	0. 048	18. 118									
	PB b_3	0. 686	0. 047	15. 787									
构建网络联系	PB b_4	0. 641											
	PB b_6	0. 645	0. 073	13. 735									
	PB b_7	0. 69	0. 083	14. 099									
	PB b_9	0. 643	0. 076	13. 221									
开发人情关系	PB c_1	0. 72											
	PB c_2	0. 739	0. 064	17. 692									
	PB c_3	0. 693	0. 075	16. 362									
	PB c_4	0. 699	0. 073	16. 414									
	PB c_5	0. 671	0. 075	15. 628									
	PB c_6	0. 669	0. 065	15. 806									
	PB c_7	0. 655	0. 06	15. 698									

4.6.3 工作适应的验证性因子分析

工作适应包含三个因子，每个因子均包含4个测量题项，对该量表进行验证性因子分析的结果如表4.10所示。从表4.10中可以看出三因素的工作适应测量模型各适配度指标都达到了理想或比较理想的水平，其中绝对适配度指标卡方值虽达到显著水平（$p<0.05$），但由于本书样本较大，还应从其他指标来判断模型的拟合性，如GFI=0.965>0.9，RMSEA=0.05；模型增值适配度指标IFI=0.976>0.9，TLI=0.968>0.9，CFI=0.976>0.9；模型简约适配度指标NC=2.584，小于理想标准3，PNFI=0.742>0.5，PCFI=0.754>0.5。综上所述，说明工作适应三因子模型拟合较为理想。

4.6.4 主观职业成长的验证性因子分析

主观职业成长包含四个因子，对该量表进行验证性因子分析的结果如表4.11所示。从表4.11中可以看出四因素的主动社会化行为测量模型各适配度指标都达到了理想或比较理想的水平，其中绝对适配度指标卡方值达虽到显著水平（$p<0.05$），但由于本书样本较大，还应从其他指标来判断模型的拟合性，如GFI=0.947>0.9，RMSEA=0.046<0.05；模型增值适配度指标IFI=0.982>0.9，TLI=0.977>0.9，CFI=0.982>0.9；模型简约适配度指标NC=1.668，小于理想标准3，PNFI=0.746>0.5，PCFI=0.766>0.5。综上所述，说明主观职业成长四因子模型拟合较为理想。

表 4.10　　工作适应模型拟合结果

量表维度	题项	因子载荷	S. E.	C. R.	绝度适配度指标			增值适配度指标			简约适配度指标		
					R^2	GFI	RMSEA	IFI	TLI	CFI	NC	PNFI	PCFI
任务掌握	NA a_1	0.744											
	NA a_2	0.754	0.051	17.57									
	NA a_3	0.585	0.061	13.435									
	NA a_4	0.567	0.057	13.12									
角色清晰	NA b_1	0.673											
	NA b_2	0.692	0.056	14.936	131.794	0.965	0.05	0.976	0.968	0.976	2.584	0.742	0.754
	NA b_3	0.713	0.06	16.072									
	NA b_4	0.731	0.055	15.581									
社会整合	NA c_1	0.751											
	NA c_2	0.786	0.048	19.215									
	NA c_3	0.735	0.051	18.4									
	NA c_4	0.813	0.053	19.8									

表 4.11　　主观职业成长模型拟合结果

量表维度	题项	因子载荷	S. E.	C. R.	绝度适配度指标			增值适配度指标			简约适配度指标		
					R^2	GFI	RMSEA	IFI	TLI	CFI	NC	PNFI	PCFI
职业发展前景	CG a_1	0. 895			118. 432	0. 947	0. 046	0. 982	0. 977	0. 982	1. 668	0. 746	0. 766
	CG a_2	0. 921	0. 04	25. 446									
	CG a_3	0. 847	0. 045	20. 627									
	CG a_4	0. 682	0. 048	14. 424									
职业成长机会	CG b_1	0. 834											
	CG b_2	0. 884	0. 057	18. 7									
	CG b_3	0. 856	0. 055	18. 555									
一般能力提升	CG c_1	0. 533											
	CG c_5	0. 715	0. 148	8. 594									
	CG c_6	0. 673	0. 146	8. 222									
	CG c_7	0. 776	0. 163	8. 762									
	CG c_8	0. 637	0. 137	8. 041									
特殊能力提升	CG d_3	0. 844											
	CG d_4	0. 8	0. 068	13. 709									

4.7　信度和效度检验

信度是指测量工具所检测所得的结果的稳定性及一致性，一般采用 Cronbach'α 系数来反映量表的一致性。吴明隆综合多位学者的观点指出，各量表的分维度内部一致性信度系数最好要高于 0.6，而量表整体的内部一致性信度系数最好要在 0.8 以上。本书各量表内部一致性检验结果如表 4.12 所示，组织社会化策略量表的 Cronbach'α 系数为 0.889，三个子维度的 Cronbach'α 系数分别为 0.854、0.809、0.784；新员工主动社会化行为量表的 Cronbach'α 系数为 0.911，四个子维度的 Cronbach'α 系数分别为 0.760、0.785、0.750、0.864；工作适应量表的 Cronbach'α 系数为 0.900，三个子维度的 Cronbach'α 系数分别为 0.752、0.795、0.854；主观职业成长量表的 Cronbach'α 系数为 0.909，四个子维度的 Cronbach'α 系数分别为 0.890、0.866、0.803、0.793。可以看出，本书变量所有细分维度的 Cronbach'α 系数均大于 0.7 且所有变量测量量表总体的 Cronbach'α 系数均高于 0.8，表明测量工具的内部一致性较高，测量所得分数是可信赖的。

表 4.12　　各变量的信度检验结果

量表	测量维度	各维度 Cronbach'α 系数	量表 Cronbach'α 系数
组织社会化策略	情景因素	0.854	0.889
	社会因素	0.809	
	内容因素	0.784	
主动社会化行为	信息与反馈搜寻	0.76	0.911
	一般社会化	0.785	
	构建网络联系	0.75	
	开发人情关系	0.864	

续表

量表	测量维度	各维度 Cronbach'α 系数	量表 Cronbach'α 系数
工作适应	任务掌握	0.752	0.9
	角色清晰	0.795	
	社会整合	0.854	
主观职业成长	晋升可能性	0.89	0.909
	职业潜力	0.886	
	一般能力提升	0.803	
	特殊能力提升	0.793	

效度是指一个测量能够测到的欲测的心理或行为特质的程度。效度检验一般包括内容效度与结构效度。内容效度主要从理论基础方面来实现，结构效度则主要通过实际得来的数据来检验理论结构的正确性。探索性因子分析和验证性因子分析都是检验量表结构效度的方法。

关于本书所使用量表的效度，首先，在内容效度方面，除了主动社会化行为和主观职业成长量表以外，本书中所涉及的组织社会化策略和工作适应量表均为成熟量表，经过国内外学者的大量验证；即使是主动社会化和主观职业成长量表，也是基于大量的文献研究提出量表的初步构想，所用题项充分借鉴已有的成熟量表，并考虑了中国的特殊文化背景，结合了中国企业员工和管理者做了访谈和问卷调查。因此，本书所选用的各个测量题项能够有效测度各影响因子的构念，具有较好的内容效度；探索性因子分析和验证性因子分析结果则明确地反映出了本书所使用量表的建构效度，因子分析后所有题项在同一因子上的负荷值均大于0.5，跨因子负荷很小，且验证性因子结果表明模型整体拟合较好，说明本书使用的各量表均具有较好的建构效度。

4.8　共同方法偏差

共同方法偏差指的是因为同样的数据来源或评分者、同样的测量环境、项目语境以及项目本身特征所造成的预测变量与效标变量之间人为的共变。自我报告偏差和项目特征所导致的偏差为共同方法偏差的两项主要来源。其中，自我报告偏差是指由于同一个人对预测变量与效标变量作反应而造成的预测变量、效标变量的人为共变；项目特征所导致的方法偏差则是指由项目特征、呈现方式所造成的以上人为共变。一般而言，对共同方法偏差的控制有两条途径：一是程序控制，如从不同来源测量预测变量与效标变量；二是统计控制，如 Harman 单因素检验。本书涉及行业和地域十分广泛，从不同来源获取数据难以实现，因此仅选用统计控制的方法，在数据分析时采用统计的方法来对共同方法偏差进行检验和控制。

本书采用假设 Harman 单因素检验法进行共同方法偏差检验。这种技术的基本假设是如果方法变异大量存在，进行因子分析时，如果抽取出单一的因子或抽取出的因子中有一个公因子解释了大部分变量变异，那么就说明共同方法偏差已经很严重。因此，除了人口统计学变量的相关题项外，本书将其他所有题项一起做因子分析，结果抽取了 14 个特征根大于 1 的公共因子，未经旋转的因子分析所得出的第 1 个公共因子解释整体变异量的 28.82%，表明并没有单一的因子可以解释绝大部分的变异，说明本书研究变量之间存在一定的同源偏差但并不严重，不太可能造成变量之间关系出现严重的共变，数据可以用于进一步分析。

第5章　数据分析和假设检验

5.1 总样本的描述与统计分析

本书涉及的主要研究变量中，除客观职业成长包含的三个指标（加薪次数、岗位调整次数、岗位晋升次数）外，其他变量均采用Liket五分量表的自评方式，均值均介于3~4之间，标准差均大于0.5。而客观职业成长的三个指标以次数衡量（五个选项分别为0次、1次、2次、3次、4次以上），对于本书调查的3年以内的员工而言，达到4次以上的较少，因此，在总样本的描述与统计分析时将4次以上的均视作4次，具体各测量维度的基本统计情况如表5.1所示。偏度指大部分的数值落在平均数的某一边，偏度系数指的是变量分布的对称程度，如果偏度系数小于0，则称为左偏；相反的，若是偏度系数大于0，则称为右偏。若以均值为参照点，则左偏态分布中分数多集中于高数值，而右偏态分布中分数多集中于低数值。在本书研究变量中，新员工取得的客观职业成长偏度值大于0，说明大多数入职3年以内的新员工在客观职业成长方面还未取得较高的分数，客观职业成长水平还普遍偏低。此外，组织社会化策略、新员工主动社会化行为、工作适应以及主观职业成长各测量维度的偏度系数都小于0，说明这些变量的分数多集中于高分数。峰度表示的是次数分布表中分布的平坦或陡峭程度，本书研究变量的峰度都较小，除了社会因素的峰度值为2.318外，其他变量的偏度和峰度值都小于1.96，即本书获得样本数据的偏度和峰度值是可接受的，样本数据符合正态分布。

表5.1　总样本的描述与统计分析结果

	N	最小值	最大值	均值	标准差	偏度	峰度
情景因素	641	1.00	5.00	3.535	0.925	-0.694	0.008
社会因素	641	1.00	5.00	3.871	0.644	-1.035	2.318

续表

	N	最小值	最大值	均值	标准差	偏度	峰度
内容因素	641	1.00	5.00	3.555	0.681	-0.564	0.506
信息与反馈搜寻	641	1.00	5.00	3.753	0.578	-0.822	1.724
一般社会化	641	1.00	5.00	3.864	0.646	-0.785	1.478
构建网络联系	641	1.00	5.00	3.692	0.612	-0.521	0.595
开发人情关系	641	1.00	5.00	3.561	0.633	-0.584	0.720
任务掌握	641	2.00	5.00	3.856	0.540	-0.390	0.541
角色清晰	641	1.25	5.00	3.854	0.525	-0.442	1.439
社会整合	641	1.00	5.00	3.962	0.568	-0.361	1.302
加薪次数	641	0.00	4.00	1.825	1.254	0.190	-0.948
岗位调整次数	641	0.00	4.00	0.817	0.927	1.079	0.725
岗位晋升次数	641	0.00	4.00	0.783	0.911	1.101	0.714
晋升可能性	641	1.00	5.00	3.163	0.787	-0.411	0.084
职业潜力	641	1.00	5.00	3.429	0.761	-0.785	1.030
一般能力提升	641	1.00	5.00	3.554	0.628	-0.484	1.300
特殊能力提升	641	1.00	5.00	3.411	0.821	-0.411	0.522

5.2　不同人口统计变量的差异分析

为探索不同人口统计变量的新员工在主动社会化行为、工作适应和主客观职业成长等各方面是否存在显著的差异性，本书研究中采用单因素方差分析（ANOVA）来检验各比较组之间均值差异的显著性。方差分析是从对观测变量的方差分解入手，通过推断控制变量各水平下各个观测变量的总体均值是否存在显著差异，分析控制变量是否给观测变量带来了显著影响，进而对控制变量各水平对观测变量的影响程度进行分析。

本书中凡是使用五分量表计分的变量，用其所有测量题项的均值代表相应变量的水平，而由于客观职业成长三项指标属于定序变量，数据是非定距的，因此客观职业成长的水平由加薪次数、岗位调整次数和岗位晋升次数三项指标采用Z分数标准化后加总的得分来表示。

5.2.1 不同性别新员工的差异性

从表5.2方差分析的结果中可以看出，没有发现男性新员工与女性新员工在主动社会化行为、工作适应和主客观职业成长的任何一个方面表现出显著的差异($p > 0.05$)，即从本书研究样本来看，男女新员工在进入组织后，其采取的主动社会化行为、工作适应的表现以及获得的主客观职业成长等水平是相当的，并无显著差异。

表5.2　不同性别新员工的方差分析结果

变量名称	类别	均值	标准差	F	显著性（p）
主动社会化行为	男	3.733	0.524	0.541	0.462
	女	3.704	0.489		
工作适应	男	3.865	0.510	1.810	0.179
	女	3.915	0.437		
客观职业成长	男	0.051	0.781	2.534	0.112
	女	-0.047	0.775		
主观职业成长	男	3.448	0.610	0.897	0.344
	女	3.404	0.561		

5.2.2 不同类型新员工的差异性

从表5.3的方差分析结果可以看出，毕业生在主动社会化行为、工作适应及主客观职业成长等各个方面都显著优于工作转换者。具体来说，毕业生采取的主动社会化行为水平显著高于工作转换者（$F = 22.653$，$p = 0.000$），这说明毕业生进入新组织后表现得更加积极主动；毕业生的工作适应表现要显著优于工作转换者（F = 7.375，p = 0.007）；毕业生取得的客观职业成长和感受到的主观职业成长水平也都显著高于工作转换者（F = 5.637，p = 0.018；F = 21.473，p = 0.000）。

表 5.3　　　　不同类型新员工的方差分析结果

变量名称	类别	均值	标准差	F	显著性（p）
主动社会化行为	毕业生	3.837	0.495	22.653	0.000
	工作转换者	3.644	0.499		
工作适应	毕业生	3.955	0.42	7.375	0.007
	工作转换者	3.851	0.501		
客观职业成长	毕业生	0.093	0.805	5.637	0.018
	工作转换者	-0.057	0.758		
主观职业成长	毕业生	3.559	0.56	21.473	0.000
	工作转换者	3.342	0.585		

5.2.3　不同年龄新员工的差异性

从表 5.4 的方差分析结果可以看出，不同年龄段新员工之间在主动社会化行为（F = 2.639，p = 0.049）、客观职业成长（F = 7.328，p = 0.000）以及主观职业成长（F = 4.375，p = 0.005）等方面表现出显著的差异，在工作适应上无显著差异（F = 2.199，p = 0.087）。具体而言，在新员工主动社会化行为方面，20 ~ 25 岁年龄段的新员工采取的主动社会化行为水平最高，而 36 ~ 40 岁年龄段的新员工采取的主动社会化行为水平最低；在客观职业成长方面，31 ~ 35 岁年龄段的新员工获得的客观职业成长水平最高，而 20 ~ 25 岁年龄段的新员工获得的客观职业成长水平最低；但是，20 ~ 25 岁年龄段的新员工所感受到的主观职业成长水平却是最高的，36 ~ 40 岁年龄段的新员工主观职业成长水平却最低。

表 5.4　　不同年龄新员工的方差分析结果

变量名称	类别	均值	标准差	F	显著性（p）
主动社会化行为	20～25 岁	3.78	0.489	2.639	0.049
	26～30 岁	3.698	0.513		
	31～35 岁	3.727	0.463		
	36～40 岁	3.575	0.601		
工作适应	20～25 岁	3.92	0.445	2.199	0.087
	26～30 岁	3.832	0.521		
	31～35 岁	3.944	0.424		
	36～40 岁	3.915	0.462		
客观职业成长	20～25 岁	-0.217	0.769	7.328	0.000
	26～30 岁	0.072	0.792		
	31～35 岁	0.137	0.749		
	36～40 岁	0.041	0.699		
主观职业成长	20～25 岁	3.507	0.498	4.375	0.005
	26～30 岁	3.423	0.603		
	31～35 岁	3.416	0.555		
	36～40 岁	3.193	0.763		

为进一步检验不同年龄段新员工在主动社会化行为、客观职业成长以及主观职业成长方面的差异性，且方差齐性检验时显示，各年龄段观测变量总体方差是相等的，故本书采用方差齐性条件下的 LSD 多重比较方法进行两两比较。结果如表 5.5 所示，在主动社会化行为方面，20～25 岁年龄段的新员工在主动社会化行为方面的表现显著优于 36～40 岁这个年龄段的新员工；在客观职业成长方面，20～25 岁年龄段的新员工所获得的客观职业成长总体要显著低于其他年龄段的新员工；而在主观职业成长方面 36～40 岁年龄段的新员工显著低于其他年龄段新员工的水平。这也说明越是年轻的新员工，他们对岗位和组织越有热情，愿意采取积极主动的融入行为；由于其入职时间不长，获得的实际加薪或晋升次数有限，但并不影响他们对自身在组织未来的发展充满信心。

表 5.5　　不同年龄新员工的多重比较结果（LSD 法）

变　量	I	J	均值差（I-J）	标准误	显著性（p）
主动社会化行为	20~25 岁	36~40 岁	0.205	0.076	0.007
客观职业成长	26~30 岁	20~25 岁	0.289	0.074	0.000
	31~35 岁	20~25 岁	0.353	0.084	0.000
	36~40 岁	20~25 岁	0.258	0.115	0.026
主观职业成长	20~25 岁	36~40 岁	0.315	0.087	0.000
	26~30 岁	36~40 岁	0.230	0.085	0.007
	31~35 岁	36~40 岁	0.224	0.090	0.013

5.2.4　不同学历新员工的差异性

表5.6的方差分析结果可以看出，不同年龄段新员工之间在主动社会化行为（F=6.863，p=0.000）、工作适应（F=3.932，p=0.008）以及主观职业成长（F=9.792，p=0.000）等方面的表现存在显著的差异，在客观职业成长（F=2.318，p=0.074）上无显著差异。具体而言，在新员工主动社会化行为方面，博士学历的新员工表现最好，本科以下的新员工表现最差；在工作适应方面，本科学历的新员工表现最好，而博士学历的新员工表现最差；在主观职业成长方面，本科学历的新员工表现最好，本科以下表现最差最低。

表 5.6　　不同学历新员工的方差分析结果

变量名称	类别	均值	标准差	F	显著性（p）
主动社会化行为	本科以下	3.568	0.49	6.863	0.000
	本科	3.764	0.506		
	硕士	3.784	0.464		
	博士	3.991	0.614		

续表

变量名称	类别	均值	标准差	F	显著性（p）
工作适应	本科以下	3.787	0.505	3.932	0.008
	本科	3.929	0.454		
	硕士	3.924	0.492		
	博士	3.667	0.379		
客观职业成长	本科以下	-0.049	0.808	2.318	0.074
	本科	0.021	0.747		
	硕士	-0.072	0.882		
	博士	0.912	0.871		
主观职业成长	本科以下	3.216	0.530	9.792	0.000
	本科	3.499	0.586		
	硕士	3.488	0.583		
	博士	3.400	0.809		

为进一步检验不同学历新员工在主动社会化行为、工作适应以及主观职业成长方面的差异性，且方差齐性检验时显示，各学历水平下观测变量总体方差是相等的，故本书采用方差齐性条件下的LSD多重比较方法进行两两比较。结果如表5.7所示，在主动社会化行为方面，本科和硕士学历的新员工要比本科以下的新员工表现更积极；在工作适应方面，本科学历的新员工要显著优于本科以下学历的新员工；在主观职业成长方面，本科和硕士学历的新员工也要显著好于本科以下的新员工。从以上分析可以看出，能否获得晋升与加薪和员工的学历没有直接关系，本科学历的新员工心态比较务实，无论在工作适应还是个人未来发展的感知方面都表现得比较积极；本科以下学历的新员工各方面表现均较差。可见，本科学历是员工个人基本素质的起码要求，在进入组织以后，个人的工作表现就不再取决于学历而是取决于性格特征与职业能力等要素。

表 5.7　　不同学历多重比较结果（LSD 法）

变量	I	J	均值差(I－J)	标准误	显著性（p）
主动社会化行为	本科	本科以下	0.197	0.046	0.000
	硕士	本科以下	0.216	0.076	0.004
工作适应	本科	本科以下	0.142	0.044	0.001
主观职业成长	本科	本科以下	0.283	0.053	0.000
	硕士	本科以下	0.273	0.087	0.002

5.2.5　不同工作年限新员工的差异性

表 5.8 的方差分析结果发现，不同工作年限的新员工在主动社会化行为（F＝2.816，p＝0.025）、客观职业成长（F＝7.634，p＝0.000）以及主观职业成长（F＝5.680，p＝0.000）等方面存在显著的差异，但在工作适应水平方面的差异不显著（F＝1.547，p＝0.187）。具体来说，有 1～3 年工作经历的新员工在主动社会化行为、工作适应以及主观职业成长这三个方面表现都是最好的，而拥有 5～7 年工作经历的新员工在客观职业成长方面的表现最好。

表 5.8　　不同工作年限之间的方差分析结果

变量名称	类别	均值	标准差	F	显著性（p）
主动社会化行为	1 年以内	3.703	0.535	2.816	0.025
	1～3 年	3.841	0.448		
	3～5 年	3.705	0.475		
	5～7 年	3.716	0.525		
	7 年以上	3.657	0.526		

续表

变量名称	类别	均值	标准差	F	显著性（p）
工作适应	1年以内	3.895	0.411	1.547	0.187
	1~3年	3.96	0.41		
	3~5年	3.842	0.543		
	5~7年	3.831	0.533		
	7年以上	3.906	0.45		
客观职业成长	1年以内	-0.5	0.698	7.634	0.000
	1~3年	-0.063	0.676		
	3~5年	0.089	0.867		
	5~7年	0.097	0.801		
	7年以上	0.068	0.751		
主观职业成长	1年以内	3.463	0.492	5.680	0.000
	1~3年	3.596	0.522		
	3~5年	3.496	0.598		

为进一步检验不同工作年限的新员工在主动社会化行为、客观职业成长以及主观职业成长方面的差异性，且方差齐性检验时显示，各工作年限水平下观测变量总体方差是相等的，故本书采用方差齐性条件下的LSD多重比较方法进行两两比较。结果如表5.9所示，在主动社会化行为方面，有1~3年工作经历的新员工采取主动社会化行为的水平显著高于其他工作年限段的新员工；在客观职业成长方面，工作年限在1年以内的新员工的客观职业成长水平显著低于其他工作年限的新员工；而在主观职业成长方面，工作年限在1年以内的新员工却显著高于工作年限在7年以上的新员工。这与前面关于不同年龄的新员工的研究完全一致，工作年限较短的新员工往往工作热情较高，愿意在进入组织后积极打造自己的角色，随着

工作年限的增长，这种积极性会逐渐降低，进入职业发展的停滞状态。Veiga（1981）、Gould 和 Penley（1984）把 7 年认定为职业停滞的判定标准，即如果员工在现岗位工作已满 7 年甚至更长时间，无论是上级对其晋升可能性的评价，还是个人对自身职业成长机会的感受都相当消极。

表 5.9　　不同工作年限多重比较结果（LSD 法）

因变量	I	J	均值差(I－J)	标准误	显著性（p)
主动社会化行为	1～3 年	3～5 年	0.136	0.065	0.037
	1～3 年	5～7 年	0.125	0.064	0.05
	1～3 年	7 年以上	0.185	0.056	0.001
	1～3 年	1 年以内	0.437	0.121	0.000
客观职业成长	3～5 年	1 年以内	0.589	0.124	0.000
	5～7 年	1 年以内	0.596	0.123	0.000
	7 年以上	1 年以内	0.568	0.113	0.000
	1 年以内	7 年以上	0.141	0.086	0.099
主观职业成长	1～3 年	5～7 年	0.248	0.073	0.001
	1～3 年	7 年以上	0.275	0.064	0.000
	3～5 年	5～7 年	0.147	0.076	0.053
	3～5 年	7 年以上	0.175	0.067	0.009

5.2.6　不同岗位级别新员工的差异性

从表 5.10 中的数据可以分析得出，不同岗位级别的新员工在主动社会化行为（F＝6.853，p＝0.000）、工作适应（F＝4.034，p＝0.007）、主观职业成长（F＝16，p＝0.000）和客观职业成长（F＝46.672，p＝0.000）方面存在着显著的差异。具体来说，位于高层主管的新员工在主动社会化行为、工作适应和主观职业成长这三个方面表现都是最好的，普通员工在客观职业成长方面远低于其他岗位级别的新员工。

表 5.10　　不同岗位级别新员工之间的方差分析结果

变量名称	类别	均值	标准差	F	显著性（p）
主动社会化行为	普通员工	3.6513	0.52118	6.853	0.000
	基层主管	3.7799	0.48383		
	中层主管	3.8081	0.43719		
	高层主管	4.1553	0.45794		
工作适应	普通员工	3.8416	0.47454	4.034	0.007
	基层主管	3.9204	0.46329		
	中层主管	4.0056	0.46344		
	高层主管	4.0985	0.51481		
客观职业成长	普通员工	1.8481	0.67397	46.672	0.000
	基层主管	2.4488	0.76459		
	中层主管	2.6779	0.82028		
	高层主管	2.4848	1.17722		
主观职业成长	普通员工	3.275	0.57237	16	0.000
	基层主管	3.4761	0.61755		
	中层主管	3.6719	0.56801		
	高层主管	3.9307	0.51384		

为进一步检验不同岗位级别的新员工在主动社会化行为、客观职业成长以及主观职业成长方面的差异性，且方差齐性检验时显示，各工作年限水平下观测变量总体方差是相等的，故本书采用方差齐性条件下的 LSD 多重比较方法进行两两比较。结果如表 5.11 所示，普通

员工无论是在主动社会化行为、工作适应以及主客观职业成长方面的表现均显著低于其他岗位级别的员工。

表 5.11　不同岗位级别新员工的多重比较结果（LSD 法）

变量	I	J	均值差(I-J)	标准误	显著性（p）
主动社会化行为	普通员工	基层主管	-0.129	0.046	0.005
	普通员工	中层主管	-0.157	0.059	0.008
	普通员工	高层主管	-0.504	0.153	0.001
	基层主管	高层主管	-0.375	0.155	0.016
	中层主管	高层主管	-0.347	0.160	0.030
工作适应	普通员工	中层主管	-0.164	0.056	0.003
客观职业成长	普通员工	基层主管	-0.601	0.067	0.000
	普通员工	中层主管	-0.830	0.087	0.000
	普通员工	高层主管	-0.637	0.224	0.005
	中层主管	基层主管	0.229	0.095	0.016
主观职业成长	普通员工	基层主管	-0.201	0.053	0.000
	普通员工	中层主管	-0.397	0.069	0.000
	普通员工	高层主管	-0.656	0.179	0.000
	基层主管	中层主管	-0.196	0.076	0.010
	基层主管	高层主管	-0.455	0.181	0.012

5.2.7　不同岗位类型新员工的差异性

从表 5.12 中的数据可以分析得出，不同岗位类型的新员工在主动社会化行为（F=2.305，p=0.043）、工作适应（F=2.852，p=0.015）、主观职业成长（F=6.802，p=0.000）和客观职业成长（F=4.323，p=

0.001）方面存在着显著的差异。具体来说，技术岗和业务岗的新员工在主动社会化行为和客观职业成长这两个方面的表现都低于其他岗位类型的员工，职能岗位的新员工在工作适应方面表现更好；在主观职业成长方面的表现上各岗位新员工相差不大。

表 5.12　不同岗位类型新员工之间的方差分析结果

变量名称	类别	均值	标准差	F	显著性（p）
主动社会化行为	技术岗	3.636	0.544	2.305	0.043
	技术管理岗	3.762	0.452		
	职能岗	3.767	0.496		
	职能管理岗	3.790	0.515		
	业务岗	3.621	0.492		
	业务管理岗	3.732	0.393		
工作适应	技术岗	3.853	0.484	2.852	0.015
	技术管理岗	3.868	0.479		
	职能岗	3.911	0.434		
	职能管理岗	4.018	0.488		
	业务岗	3.756	0.519		
	业务管理岗	3.853	0.403		
客观职业成长	技术岗	1.981	0.751	6.802	0.000
	技术管理岗	2.451	0.793		
	职能岗	2.124	0.731		
	职能管理岗	2.321	0.836		
	业务岗	1.859	0.874		
	业务管理岗	2.186	0.947		
主观职业成长	技术岗	3.359	0.580	4.323	0.001
	技术管理岗	3.561	0.540		
	职能岗	3.342	0.633		
	职能管理岗	3.542	0.627		
	业务岗	3.215	0.605		
	业务管理岗	3.275	0.517		

为进一步检验不同岗位类型的新员工在主动社会化行为、客观职业成长以及主观职业成长方面的差异性，且方差齐性检验时显示，各工作年限水平下观测变量总体方差是相等的，故本书采用方差齐性条件下的 LSD 多重比较方法进行两两比较。根据表 5.13 得出，在主动社会化行为和工作适应方面，职能类岗位（包括普通职能岗和职能管理岗）的新员工表现更好，这可能是由于职能类岗位的工作内容属企业培训投资的“一般性培训”，即培训所获得的知识技能对多个雇主同样适用，因此新员工尤其是工作转换者身份的新员工入手较快；而业务岗和技术岗的工作内容更倾向于企业培训投资的“特殊性培训”，即培训所获得的知识技能无法应用于其他企业，或至少在应用于其他企业时对生产率的影响显著低于培训提供企业，因此以往的工作经历可能对其主动社会化行为和工作适应没有太大的影响，新员工需要重新学习和摸索，这可能在一定程度上降低了他们的主动社会化行为和工作适应程度。在职业成长方面的表现，无论是客观职业成长还是主观职业成长，管理岗位的新员工表现普遍好于普通岗位的新员工。

表 5.13　　不同岗位类型多重比较结果（LSD 法）

变量	I	J	均值差(I－J)	标准误	显著性（p）
主动社会化行为	技术岗	职能岗	－0.131	0.053	0.015
	技术岗	职能管理岗	－0.154	0.060	0.011
	职能管理岗	业务岗	0.170	0.085	0.046
工作适应	技术岗	职能管理岗	－0.165	0.056	0.004
	技术管理岗	职能管理岗	－0.150	0.067	0.026
	职能岗	业务岗	0.155	0.075	0.039
	职能管理岗	业务岗	0.262	0.079	0.001

续表

变量	I	J	均值差(I-J)	标准误	显著性 (p)
客观职业成长	技术岗	技术管理岗	-0.470	0.102	0.000
	技术岗	职能管理岗	-0.341	0.094	0.000
	技术管理岗	职能岗	0.327	0.104	0.002
	技术管理岗	业务岗	0.592	0.138	0.000
	职能管理岗	业务岗	0.462	0.133	0.001
主观职业成长	技术岗	技术管理岗	-0.202	0.077	0.009
	技术岗	职能管理岗	-0.183	0.071	0.011
	技术管理岗	职能岗	0.219	0.079	0.005
	技术管理岗	业务岗	0.345	0.104	0.001
	技术管理岗	业务管理岗	0.286	0.120	0.018
	职能岗	职能管理岗	-0.201	0.073	0.006
	职能管理岗	业务岗	0.327	0.100	0.001

5.3 变量间相关关系检验

本书所涉及的主要研究变量之间的相关系数如表5.1所示，从表5.14可以看出，组织社会化策略、主动社会化行为、工作适应和职业成长之间普遍存在中低度的相关性，仅客观职业成长中的岗位调整与组织社会化策略和工作适应都无显著相关性，因此，在之后的回归分析中，不再涉及组织社会化策略或工作适应与岗位调整之间的关系分析。

表 5.14　　主要研究变量的相关系数矩阵

	1	2	3	4	5	6	7	8
1. 情景因素	1							
2. 社会因素	0.523 **	1						
3. 内容因素	0.553 **	0.590 **	1					
4. 信息与反馈搜寻	0.433 **	0.521 **	0.532 **	1				
5. 一般社会化	0.341 **	0.485 **	0.373 **	0.510 **	1			
6. 构建网络联系	0.385 **	0.426 **	0.452 **	0.600 **	0.622 **	1		
7. 开发人情关系	0.425 **	0.410 **	0.482 **	0.543 **	0.490 **	0.609 **	1	
8. 任务掌握	0.270 **	0.423 **	0.395 **	0.490 **	0.431 **	0.434 **	0.375 **	1
9. 角色清晰	0.317 **	0.459 **	0.490 **	0.515 **	0.466 **	0.489 **	0.393 **	0.657 **
10. 社会整合	0.301 **	0.487 **	0.438 **	0.521 **	0.555 **	0.509 **	0.406 **	0.599 **
11. 加薪次数	0.131 **	0.127 **	0.136 **	0.166 **	0.206 **	0.217 **	0.159 **	0.194 **
12. 岗位调整	0.076	0.000	0.033	0.092 *	0.045	0.105 **	0.091 *	0.046
13. 岗位晋升	0.151 **	0.095 *	0.165 **	0.150 **	0.134 **	0.183 **	0.128 **	0.097 *
14. 职业发展前景	0.391 **	0.284 **	0.443 **	0.384 **	0.332 **	0.368 **	0.398 **	0.269 **
15. 职业成长机会	0.371 **	0.365 **	0.462 **	0.452 **	0.396 **	0.397 **	0.426 **	0.335 **

续表

	1	2	3	4	5	6	7	8
16. 一般能力提升	0.301**	0.359**	0.397**	0.445**	0.426**	0.443**	0.409**	0.402**
17. 特殊能力提升	0.318**	0.259**	0.349**	0.428**	0.338**	0.450**	0.398**	0.351**
	9	10	11	12	13	14	15	16
9. 角色清晰	1							
10. 社会整合	0.655**	1						
11. 加薪次数	0.210**	0.218**	1					
12. 岗位调整	0.030	0.064	0.345**	1				
13. 岗位晋升	0.085*	0.146**	0.520**	0.422**	1			
14. 职业发展前景	0.315**	0.349**	0.094*	0.129**	0.298**	1		
15. 职业成长机会	0.397**	0.385**	0.102**	0.108**	0.223**	0.716**	1	
16. 一般能力提升	0.424**	0.432**	0.221**	0.145**	0.235**	0.424**	0.510**	1
17. 特殊能力提升	0.370**	0.392**	0.264**	0.122**	0.340**	0.488**	0.467**	0.558**

注：**. 在 0.01 水平（双侧）上显著相关。

由于职业成长的主客观指标相互依赖、相互作用，两者共同形成衡量职业成长的指标体系。相关分析结果显示，主观和客观职业成长各指标之间均有显著的正相关关系，相关系数在 0.094 ~ 0.340 之间。而客观职业成长三个指标的相关系数在 0.345 ~ 0.520 之间，主观职业成长四个指标的相关系数在 0.424 ~ 0.716 之间，主客观职业成长指标之间的相关程度明显小于主观指标之间及客观指标之间的相关程度。这说明主客观职业成长的确是两类相关但不同的职业成长指标，两者共同构成了职业成长测量指标体系。

5.4　调节效应的检验

本书对调节效应的检验采用层次回归的分析方法。按照温忠麟检验调节效应的程序：（1）做 Y 对 X 和 M 的回归，得测定系数 R_1^2。（2）做 Y 对 X、M 和 XM 的回归，得测定系数 R_2^2；若 R_2^2 显著高于 R_1^2，则调节效应显著。或者，作 XM 的回归系数检验，若系数 c 显著，则说明调节效应显著。并且，在做调节效应分析时，为减少变量之间过强的共线性，通常先将自变量与调节变量做中心化变换后再相乘。

5.4.1　新员工类型在组织社会化策略与工作适应之间的调节效应:

为分析组织社会化策略对工作适应的影响，本书将新员工的性别、年龄、学历、工作年限、岗位级别以及组织所属行业等人口统计变量作为控制变量，首先引入回归方程，回归分析结果显示（见表 5.15 模型 1），新员工的年龄、工作年限及组织所属行业均对其工作适应有显著或较显著的影响，且模型 1 的 F 值显著，调整 R^2 值为

0.057，说明控制变量可分别解释工作适应5.7%的变异。

表5.15　新员工类型在组织社会化策略与工作适应之间的调节效应

变　量	工作适应			
	模型1	模型2	模型3	模型4
性别[a]（女性=1）	0.037	0.054	0.061	0.072
年龄	0.210^{+}	0.212^{*}	0.220^{*}	0.218^{*}
学历	0.023	-0.018	-0.005	-0.002
工作年限	-0.284^{*}	-0.096	-0.163	-0.199
岗位类型	0.005	0.034	0.035	0.041
岗位级别	0.150^{*}	0.081	0.088	0.100
所属行业[a]（服务业=1）	-0.173^{**}	-0.131^{*}	-0.136^{*}	-0.130^{*}
组织社会化策略		0.478^{***}	0.481^{***}	0.517^{***}
新员工类型[a]（毕业生=1）			-0.087	-0.161^{+}
组织社会化策略 x 新员工类型				0.150^{*}
R^2	0.083	0.274	0.277	0.296
调整R^2	0.057	0.250	0.250	0.266
F值	3.230^{**}	11.483^{***}	10.176^{***}	9.873^{***}

注：$^{+}p<0.1$，$^{*}p<0.05$，$^{**}p<0.01$，$^{***}p<0.001$. a表示类别型的变量转换成了虚拟变量，其中男性=0，女性=1；制造业=0，服务业=1；工作转换者=0，毕业生=1，下表同。

模型2将自变量组织社会化策略引入回归方程，做工作适应对组织社会化策略变量的回归，结果显示（见表5.15模型2），组织社会化策略对新员工工作适应有非常显著的正向影响（$\beta=0.478$，$p<0.001$），即组织社会化策略越偏向制度化，越有利于新员工的工作适应。模型2相比于模型1，R^2增加0.191，说明组织社会化策略可解释工作适应19.1%的变异。由此，本书假设1得以验证。然后，模型3在模型2的基础上，将调节变量新员工类型引入回归方程，结果并未发现新员工类型对工作适应有显著影响（$\beta=-0.087$，$p>0.1$）。最后，模型4将“社会化策略x新员工类型”这一交互项也引入回归方程。回归结果显示（见表 5.15 模型 4），“社会化策略 x 新员工类型”对工作适应有显著影响（$\beta = 0.150$，$p < 0.05$），且模型 4 相对于模型 3 的 R^2 有显著改变（R^2 增加 0.019），调节模式如图 5.1 所示，即制度化的社会化策略更有利于毕业生取得较好的工作适应。由此，本书假设 2 得以验证。

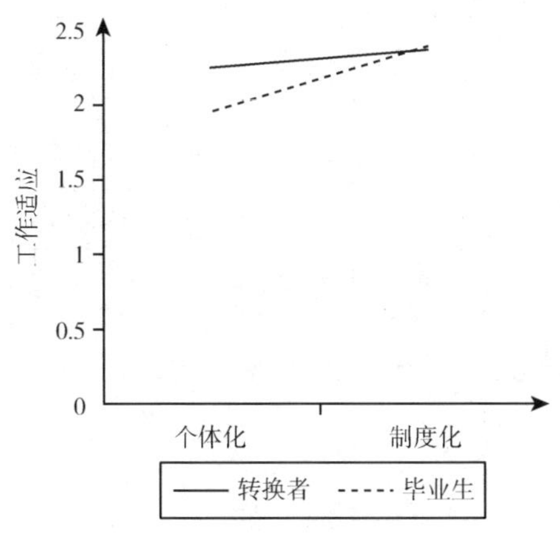

图 5.1　新员工类型的调节作用

5.4.2　性别在组织社会化策略与工作适应之间的调节效应

为检验性别在组织社会化策略与工作适应近端结果之间的调节作用，根据本书假设 3a ~ 假设 3c，首先将控制变量和自变量组织社会化的六项策略均纳入回归方程，做角色清晰对控制变量和自变量的回归（见表 5.16 模型 1），然后在模型 1 的基础上引入集体的和授予的社会化策略与性别的交互项进行回归分析，回归结果显示（见表 5.16 模型 2），模型 2 相对于模型 1，R^2 增加 0.029，“集体的策略 x 性别”交互项的回归系数较显著（$\beta = -0.118$，$p < 0.1$），说明性别对集体的策略与角色清晰之间的关系起调节作用，调节模式如图 5.2 所示，集体的社会化策略对男性新员工角色清晰的积极影响强于对女性新员工的影响。这与假设 3c 相反。而“授予的策略 x 性别”交互项

的回归系数不显著（β = －0.012），说明性别对授予的社会化策略与角色清晰之间的关系不起调节作用，假设3b没有得到验证。

表5.16　　　　性别的调节效应

	角色清晰		社会整合	
	模型1	模型2	模型3	模型4
年龄	0.105	0.112	0.125	0.135
学历	-0.018	-0.019	-0.015	-0.043
工作年限	0.008	0.021	-0.05	-0.060
岗位类型	0.028	0.037	0.019	0.014
岗位级别	0.159*	0.163*	0.078	0.068
性别	0.033	0.043	0.045	0.047
集体的策略	0.017	0.030	0.117	0.111
正式的策略	-0.047	-0.024	-0.103	-0.093
授予的策略	0.216**	0.224**	0.343***	0.360***
伴随的策略	0.112	0.090	0.158*	0.123+
连续的策略	0.187**	0.185*	0.149*	0.160*
固定的策略	0.236**	0.225**	0.107	0.079
集体的策略 x 性别		-0.118+		-0.077
授予的策略 x 性别		-0.012		0.070
伴随的策略 x 性别				-0.187**
R^2	0.336	0.365	0.353	0.387
调整 R^2	0.298	0.319	0.316	0.342
F值	8.785***	7.865***	9.466***	8.62***

注：+ $p<0.1$，* $p<0.05$，** $p<0.01$，*** $p<0.001$。

采用相同的检验方法检验了性别在组织社会化策略与社会整合之间的调节作用。首先将控制变量和自变量组织社会化的六项策略均纳入回归方程，做社会整合对控制变量和自变量的回归（见表5.16模型3），然后在模型3的基础上引入集体的、授予的和伴随的社会化

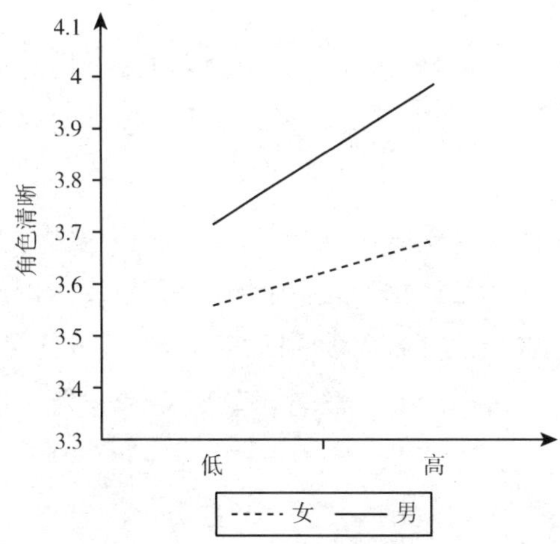

图 5.2　性别在集体的策略与角色清晰间的调节作用

策略与性别的交互项进行回归分析，回归结果显示（见表 5.16 模型 2），模型 4 相对于模型 3 的 R^2 增加 0.034，“伴随的策略 x 性别”交互项的回归系数较显著（$\beta = -0.187$，$p < 0.1$），说明性别对伴随的策略与社会整合之间的关系起调节作用，调节模式如图 5.3 所示，伴随的社会化策略对男性新员工社会整合的积极影响强于对女性新员工的影响。这与假设 3a 相反。

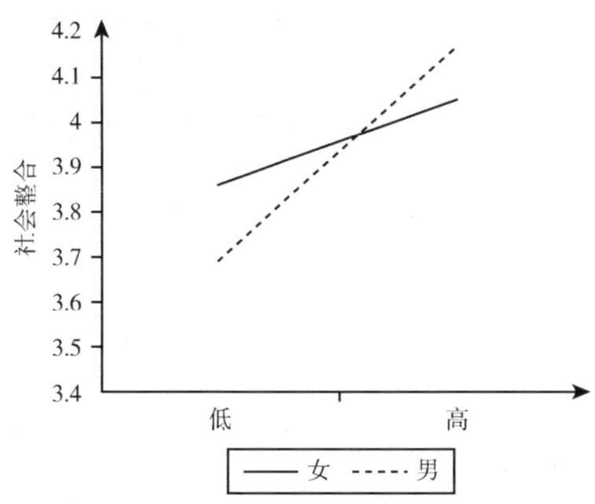

图 5.3　性别在伴随的策略与社会整合间的调节作用

5.4.3 新员工类型在主动社会化行为与工作适应之间的调节效应

为分析新员工主动社会化行为对工作适应的影响，第一步，将控制变量和自变量主动社会化行为各维度分别引入回归方程，做工作适应对新员工主动社会化行为变量的回归，结果显示（见表5.17），信息与反馈搜寻、一般社会化、构建网络联系和开发人情关系的β系数分别是0.58（$p < 0.001$）、0.547（$p < 0.001$）、0.537（$p < 0.001$）和0.463（$p < 0.001$），则主动社会化行为各维度对新员工工作适应有非常显著的正向影响，由此，本书假设4得以验证。第二步，将调节变量新员工类型引入回归方程，除了在开发人情关系维度下新员工类型对工作适应有轻微影响（$\beta = -0.083$，$p < 0.05$）外，在其他几个维度下并未发现新员工类型对工作适应有显著影响。第三步，将“主动社会化行为各维度 x 新员工类型”这一交互项也引入回归方程。回归结果显示，“主动社会化行为各维度 x 新员工类型”对工作适应没有显著影响，且相应的R^2并未得到显著改善，故从本书数据来看，毕业生与工作转换者的主动社会化行为对其工作适应影响的强度并不存在显著差异，本书假设5未能得到支持。

表5.17 主动社会化行为各维度和工作适应的回归分析及新员工类别的调节效应

因变量：（工作适应）	主动社会化行为的维度							
	信息与反馈搜寻		一般社会化		网络联系		开发人情关系	
		R^2		R^2		R^2		R^2
步骤1（控制变量、自变量）								
性别	0.047		0.049		0.084		0.132	
年龄	0.044		0.088⁺		0.112*		0.119**	

续表

因变量：（工作适应）	主动社会化行为的维度							
	信息与反馈搜寻		一般社会化		网络联系		开发人情关系	
		R^2		R^2		R^2		R^2
学历	-0.014		0.023		0.016		-0.001	
工作年限	0.022		-0.045		-0.068		-0.023	
岗位类型	0.004		-0.028		-0.045		-0.01	
岗位级别	0.04		0.086*		0.024		0.075	
所属行业	-0.017		-0.01		-0.013		-0.032	
主动社会化行为各维度	0.58***		0.547***		0.537***		0.463***	
		0.347		0.362		0.314		0.231
步骤 2（调节变量）								
主动社会化行为各维度	0.575***		0.541***		0.542***		0.457***	
新员工类型	-0.045		-0.07		-0.041		-0.083*	
		0.002		0.033		0.001		0.004
步骤 3（交互项）								
新员工类型 x 主动社会化行为各维度	-0.022		0.029		-0.002		-0.024	
		0.003		0.001		0.001		0.002

注：$^+ p<0.1$，$^* p<0.05$，$^{**} p<0.01$，$^{***} p<0.001$。R^2 分别表示步骤 2 相对于步骤 1 的改变，步骤 3 相对于步骤 2 的改变。

5.4.4　组织社会化策略与主动社会化行为的交互对新员工工作适应的影响

为检验主动社会化行为在组织社会化策略与新员工工作适应之间的调节作用，第一步，将本书中控制变量和自变量组织社会化策略引入方程，并分别在模型中加入新员工主动社会化行为四个维度（见表5.18步骤1）。第二步，在控制变量、自变量以及调节变量的模型基础上，再分别加入组织社会化策略与主动社会化行为四个维度的交互项（见表5.18步骤2），步骤2分别显示了信息与反馈搜寻、一般社会化、构建网络联系和开发人情关系四种行为与新员工类别在组织社会化策略与工作适应之间的调节作用。从表5.18步骤2可以看出，组织社会化策略与信息与反馈搜寻交互项（$\beta = 0.117$，$p < 0.05$）、组织社会化策略与一般社会化交互项（$\beta = 0.151$，$p < 0.01$）、组织社会化策略与网络联系交互项（$\beta = 0.118$，$p < 0.05$）、组织社会化策略与开发人情关系交互项（$\beta = 0.216$，$p < 0.001$）均对工作适应有显著正向影响，说明新员工主动社会化行为各维度均在组织社会化策略与工作适应之间起正向调节作用。以开发人情关系为例，新员工主动社会化行为的调节模式如图5.4所示，在高开发人情关系行为的情境下，组织社会化策略对工作适应的影响较大，而在低开发人情关系行为的情境下，组织社会化策略对工作适应的影响则相对较小。其他主动社会化行为的调节作用模式均类似于图5.4，故在此处略去。由此，假设6得到验证。

表5.18　　主动社会化行为的调节效应

因变量：工作适应	主动社会化行为的维度							
	信息与反馈搜寻		一般社会化		网络联系		开发人情关系	
		R^2		R^2		R^2		R^2
步骤1（控制变量、自变量、调节变量）								
性别	0.044		0.032		0.050		0.071	
年龄	0.165⁺		0.243*		0.228*		0.231*	
学历	-0.025		-0.045		-0.044		-0.021	
工作年限	-0.028		-0.087		-0.110		-0.093	

续表

因变量：工作适应	主动社会化行为的维度							
	信息与反馈搜寻		一般社会化		网络联系		开发人情关系	
		R^2		R^2		R^2		R^2
岗位类型	0.020		0.002		−0.011		0.018	
岗位级别	−0.001		0.046		0.021		0.060	
所属行业	-0.105^{+}		-0.114^{*}		-0.110^{*}		-0.127^{*}	
组织社会化策略	0.301^{***}		0.385^{***}		0.345^{***}		0.433^{***}	
主动社会化行为各维度	0.392^{***}		0.345^{***}		0.310^{***}		0.104	
		0.381		0.378		0.346		0.281
步骤 2（交互项）								
组织社会化策略 x 主动社会化行为各维度	0.117^{*}		0.151^{**}		0.118^{*}		0.216^{***}	
		0.013		0.021		0.014		0.045

注：$^{+}p<0.1$，$^{*}p<0.05$，$^{**}p<0.01$，$^{***}p<0.001$。R^2 分别表示步骤 2 相对于步骤 1 的改变。

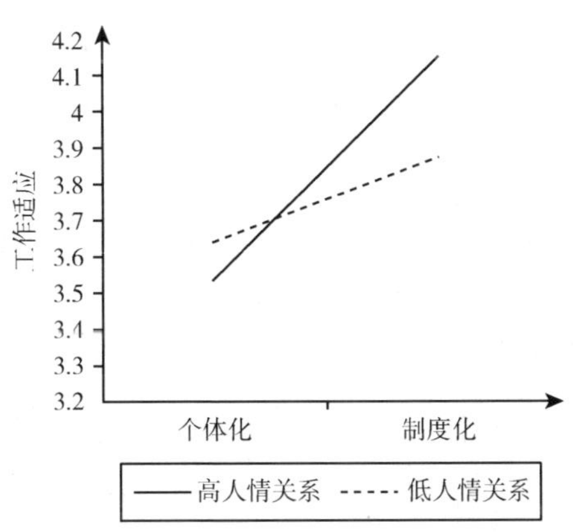

图 5.4　开发人情关系的调节作用

5.4.5 新员工类型对组织社会化策略与主动社会化行为的交互和新员工工作适应之间关系的影响

本书分别研究了新员工类型、新员工主动社会化行为在组织社会化策略与工作适应之间的调节效应，在此基础上，本书还进一步检验了新员工主动社会化行为与新员工类型的交互在组织社会化策略与新员工工作适应之间的调节效应。同样采用层级回归方法，第一步引入控制变量、自变量、调节变量；第二步引入组织社会化策略、主动社会化行为各维度与新员工类别三类变量的两两交互项；第三步引入组织社会化策略、主动社会化行为各维度、新员工类别的三维交互项，具体结果如表 5.19 所示。从步骤 3 可以看出，将组织社会化策略、主动社会化行为各维度和新员工类别的三维交互项引入方程后发现，组织社会化策略、一般社会化与新员工类别的三维交互项对工作适应有显著影响（$\beta=0.159$，$p<0.05$），R^2 也发生了改变（$\Delta R^2=0.012$）。为了清晰地表达这种三维关系，图 5.5 给出了具体的交互影响模式。我们把新员工分为毕业生与工作转换者，按一般社会化行为水平高低分为高一般社会化行为组与低一般社会化行为组，我们会发现，在同样采取较高水平的一般社会化行为的情境下，制度化的社会化策略对毕业生工作适应的提升程度更大；但是在同样采取较低水平的一般社会化行为的情境下，制度化的社会化策略对毕业生工作适应的提升程度更小。此外，本书并未发现其他三维交互项对工作适应存在显著影响，故假设 7 得到部分验证。

表 5.19　　　　　　三维交互作用检验结果

因变量：工作适应	主动社会化行为的各维度							
	信息与反馈搜寻		一般社会化		网络联系		开发人情关系	
		R^2		R^2		R^2		R^2
步骤 1（控制变量、自变量、调节变量）								
性别	0.049		0.039		0.057		0.075	
年龄	0.171 +		0.251 **		0.236 *		0.236 *	
学历	-0.016		-0.032		-0.031		-0.011	
工作年限	-0.073		-0.150		-0.173		-0.147	
岗位类型	0.020		0.004		-0.012		0.017	
岗位级别	0.004		0.053		0.028		0.067	
所属行业	-0.108 *		-0.118 *		-0.115 *		-0.131 *	
组织社会化策略	0.305 ***		0.388 ***		0.348 ***		0.439 ***	
新员工类型	-0.057		-0.082		-0.082		-0.070	
主动社会化行为各维度	0.389 ***		0.345 ***		0.309 ***		0.095	
		0.383		0.382		0.349		0.283
步骤 2（二维交互项）								
社会化策略 x 主动社会化行为各维度	0.132 *		0.161 **		0.110 +		0.215	
社会化策略 x 新员工类别	0.163 *		0.120 *		0.135 *		0.135	
主动社会化行为各维度 x 新员工类别	-0.173 *		-0.081		-0.058		-0.076	
		0.037		0.035		0.025		0.058

续表

因变量：工作适应	主动社会化行为的各维度							
	信息与反馈搜寻		一般社会化		网络联系		开发人情关系	
		R^2		R^2		R^2		R^2
步骤3（三维交互项）								
社会化策略x主动社会化行为各维度x新员工类别	0.100		0.159*		-0.015		-0.002	
		0.005		0.012		0		0

注：+ p<0.1，* p<0.05，** p<0.01，*** p<0.001。R^2分别表示步骤2相对于步骤1的改变，步骤3相对于步骤2的改变。

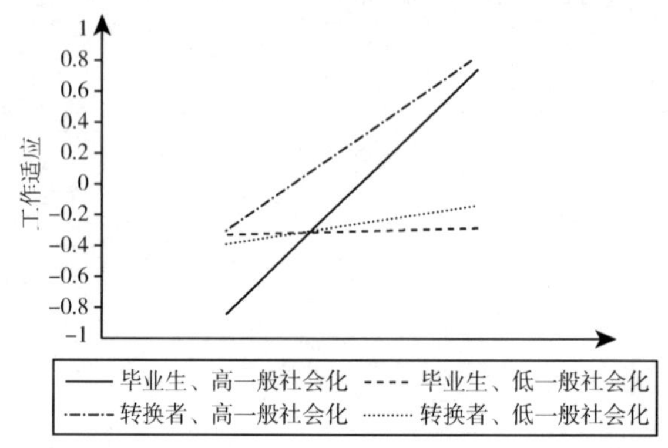

图5.5 三维交互作用

5.5 中介效应的检验

本书中关于中介效应的分析同样采用层次回归分析。按照温忠麟检验中介效应的程序则主要包括三个步骤：第一步，检验自变量与因变量的回归系数c，若回归系数c显著则进行下一步分析，否则停止；第二步，检验自变量与中介变量的回归系数a，检验中介变量与因变量的回归系数 b，若 a、b 都显著，则意味着自变量对因变量的影响至少有一部分是通过中介变量实现的，若 a 或 b 至少有一个不显著，则还需进行 Sobel 检验；第三步，在方程中同时放入自变量、中介变量与因变量，检验此时自变量的回归系数 c'，若 c' 显著，则为部分中介，若 c' 不显著，则为完全中介作用。

5.5.1 工作适应在组织社会化策略与职业成长之间的中介效应

根据温忠麟等提出的程序检验工作适应的中介作用，第一步，检验组织社会化策略是否显著影响职业成长，回归分析结果显示，组织社会化策略对加薪次数、晋升次数、晋升可能性、职业潜力、一般能力提升和特殊能力提升均有显著的正向影响（见表 5.20 和表 5.21，模型 1、模型 3、模型 5、模型 7、模型 9 和模型 11），而组织社会化策略对岗位调整次数没有显著的影响（$\beta = 0.042$，$p > 0.1$），所以无须继续分析工作适应在组织社会化策略和岗位晋升之间的中介效应；第二步，检验组织社会化策略对工作适应的影响，表 5.15 中关于假设 2 的检验中已经表明，组织社会化策略对工作适应有显著正向影响（$\beta = 0.478$，$p < 0.001$）；第三步，在回归方程中同时放入组织社会化策略和工作适应对职业成长进行预测（见表 5.20 和表 5.21，模型 2、模型 4、模型 6、模型 8、模型 10 和模型 12）。回归结果发现，工作适应对加薪次数（$\beta = 0.147$，$p < 0.001$）、晋升可能性（$\beta = 0.159$，$p < 0.001$）、职业潜力（$\beta = 0.235$，$p < 0.001$）、一般能力提升（$\beta = 0.364$，$p < 0.001$）、特殊能力提升（$\beta = 0.285$，$p < 0.001$）有显著的正向影响，工作适应对晋升次数无显著影响（$\beta = -0.007$，$p > 0.1$）。加入工作适应变量后，组织社会化策略对加薪次数、晋升可能性、职业潜力、一般能力提升以及特殊能力提升的影响分别下降为 0.124、0.316、0.317、0.183 和 0.188，但影响仍然显著，说明工作适应在组织社会化策略与这五项职业成长表现之间起部分中介作用。由于本书发现工作适应对晋升次数并无显著影响，故本书对工作适应在组织社会化策略与晋升次数之间的中介效应进一步进行 sobel 检验，结果发现工作适应在组织社会化策略与晋升次数之间没有显著中介作用（Z = -0.173，p >0.1）。假设 9a 得到部分验证，假设 9b 得到验证。

表 5.20　　工作适应在组织社会化策略和客观职业成长之间的中介效应

变量	加薪次数		晋升次数	
	模型 1	模型 2	模型 3	模型 4
性别	-0.016	-0.025	-0.003	-0.003
年龄	0.07	0.057	-0.099 +	-0.099 +
学历	-0.025	-0.029	-0.038	-0.038
工作年限	0.182 ***	0.181	0.01	0.01
岗位类型	-0.084 *	-0.089 *	-0.020	-0.021
岗位级别	0.251 ***	0.238	0.471 ***	0.472 ***
所属行业	-0.023	-0.02	0.057	0.057
组织社会化策略	0.204 ***	0.124 **	0.141 ***	0.145 ***
工作适应		0.147 ***		-0.007
调整 R^2	0.176	0.19	0.216	0.214
F 值	20.49 ***	19.72 ***	26.12 ***	22.82 ***

注：+ p<0.1，* p<0.05，** p<0.01，*** p<0.001。

表 5.21　　工作适应在组织社会化策略和主观职业成长之间的中介效应

变量	晋升可能性		职业潜力		一般能力提升		特殊能力提升	
	模型 5	模型 6	模型 7	模型 8	模型 9	模型 10	模型 11	模型 12
性别	-0.001	-0.012	0.001	-0.014	-0.055	-0.079 *	-0.068 +	-0.086 *
年龄	-0.089 +	-0.104 +	-0.004	-0.025	-0.079	-0.113 *	-0.042	-0.068
学历	0.043	0.038	0.070 *	0.063 +	0.086 *	0.075 *	0.071 *	0.062 +
工作年限	-0.094 +	-0.094 +	-0.084 +	-0.085 +	-0.032	-0.033	-0.03	-0.031
岗位类型	-0.007	-0.012	-0.040	-0.048	-0.005	-0.017	0.010	0.002

续表

变量	晋升可能性		职业潜力		一般能力提升		特殊能力提升	
	模型 5	模型 6	模型 7	模型 8	模型 9	模型 10	模型 11	模型 12
岗位级别	0.234***	0.219***	0.159***	0.138***	0.180***	0.147***	0.335***	0.309***
所属行业	0.068	0.071	0.014	0.018	0.024	0.031	-0.002	0.003
组织社会化策略	0.401***	0.316***	0.443***	0.317***	0.379***	0.183***	0.341***	0.188***
工作适应		0.159***		0.235***		0.364***		0.285***
调整 R^2	0.253	0.269	0.247	0.285	0.207	0.299	0.249	0.305
F 值	31.92***	30.50***	31.05***	32.91***	24.82***	35.11***	31.34***	36.14***

注：$^{+}p<0.1$，$^{*}p<0.05$，$^{**}p<0.01$，$^{***}p<0.001$。

5.5.2　工作适应在新员工主动社会化行为与其职业成长之间的中介效应

按照温忠麟等提出的程序检验工作适应的中介作用，第一步，主动社会化行为是否显著影响职业成长，回归分析结果显示，主动社会化行为对加薪次数、晋升次数、岗位调整次数、晋升可能性、职业潜力、一般能力提升和特殊能力提升也均有显著的正向影响（见表 5.22 和表 5.23，模型 1、模型 3、模型 5、模型 7、模型 9、模型 11 和模型 13）；第二步，检验主动社会化行为对工作适应的影响，表 5.13 中关于假设 4 的检验已表明主动社会化行为对工作适应有显著正向影响；第三步，在回归方程中同时放入主动社会化行为和工作适应对职业成长进行预测（见表表 5.22 和表 5.23，模型 2、模型 4、模型 6、模型 8、模型 10、模型 12 和模型 14）。回归结果发现，工作适应对加薪次数（$\beta=0.134$，$p<0.01$）、晋升可能性（$\beta=0.131$，$p<0.01$）、职业潜力（$\beta=0.184$，$p<0.001$）、一般能力提升（$\beta=0.280$，$p<0.001$）、特殊能力提升（$\beta=0.200$，$p<0.001$）有显著的正向影响，工作适应对岗位调整次数（$\beta=0.019$，$p>0.1$）和晋升次数无显著影响（$\beta=0.015$， p >0.1)。加入工作适应变量后，主动社会化行为对加薪次数、晋升可能性、职业潜力、一般能力提升以及特殊能力提升的影响分别下降为 0.127、0.316、0.355、0.294 和 0.299，但仍然显著，说明工作适应在主动社会化行为与这五项职业成长表现之间起部分中介作用。由于本书发现工作适应对晋升次数和岗位调整次数无显著影响，故本书仅对工作适应在主动社会化行为与晋升次数和岗位调整次数之间的中介效应进一步进行 Sobel 检验，结果发现工作适应在主动社会化行为与新员工晋升次数（Z = 0.111，p >0.1）和岗位调整（Z =0.138，p >0.1）之间都没有显著中介作用。假设 10a 得到部分验证，假设 10b 得到验证。

表 5.22　工作适应在新员工主动社会化行为和客观职业成长之间的中介效应

变量	加薪次数		晋升次数		岗位调整次数	
	模型 1	模型 2	模型 3	模型 4	模型 5	模型 6
性别	-0.004	-0.017	0.003	0.001	-0.036	-0.034
年龄	0.076	0.06	-0.102 *	-0.104 *	-0.04	-0.038
学历	-0.038	-0.036	-0.041	-0.041	-0.031	-0.032
工作年限	0.164 ***	0.169 ***	-0.006	-0.005	0.014	0.013
岗位类型	-0.107 **	-0.103 **	-0.034	-0.033	0.012	0.011
岗位级别	0.229 ***	0.227 ***	0.467 ***	0.466 ***	0.151 **	0.151 **
所属行业	-0.025	-0.022	0.056	0.056	-0.004	-0.005
主动社会化行为	0.213 ***	0.127 **	0.097 **	0.088 +	0.08 *	0.092 +
工作适应		0.134 **		0.015		0.019
调整 R^2	0.179	0.188	0.206	0.204	0.022	0.021
F 值	20.91 ***	19.56 ***	24.65 ***	21.55 ***	3.054 **	2.685 **

注：+ p <0.1，* p <0.05，** p <0.01，*** p <0.001。

表 5.23　　　工作适应在主动社会化行为和主观职业成长之间的中介效应

变量	晋升可能性		职业潜力		一般能力提升		特殊能力提升	
	模型 7	模型 8	模型 9	模型 10	模型 11	模型 12	模型 13	模型 14
性别	0.021	0.008	0.028	0.009	−0.029	−0.057^{+}	−0.044	−0.065^{+}
年龄	−0.079	−0.095^{+}	0.011	−0.011	−0.057	−0.09^{+}	−0.021	−0.045
学历	0.02	0.022	0.04	0.043	0.052	0.056^{+}	0.04	0.043
工作年限	−0.131**	−0.125***	−0.123*	−0.115*	−0.06	−0.049	−0.056	−0.047
岗位类型	−0.052	−0.048	−0.091	−0.085	−0.054	−0.045	−0.033	−0.026
岗位级别	0.194***	0.192***	0.109**	0.107**	0.123***	0.118***	0.283***	0.280***
所属行业	0.063^{+}	0.067^{+}	0.008	0.013	0.018	0.026	−0.007	−0.002
主动社会化行为	0.400***	0.316***	0.473***	0.355***	0.474***	0.294***	0.427***	0.299***
工作适应		0.131**		0.184***		0.280***		0.200***
调整 R^2	0.249	0.258	0.27	0.289	0.28	0.325	0.309	0.332
F 值	31.39***	28.89***	34.77***	33.47***	36.49***	39.59***	41.91***	40.76***

注：$^{+}p<0.1$，$^{*}p<0.05$，$^{**}p<0.01$，$^{***}p<0.001$。

5.5.3　组织社会化策略与主动社会化行为对新员工工作适应与职业成长的优势分析

本书的优势分析主要借助 SPSS 20.0 进行分析，通过回归分析得出各自变量对因变量的 R^2 的贡献值，进一步计算出各自变量对因变量的不同影响程度。在对自变量对工作适应以及职业成长的贡献分析中，需要分别将组织社会化策略（X1）、主动社会化行为（X2）以及两个自变量的组合（X1X2）对因变量做回归分析。

在表 5.24 中给出了组织社会化策略和主动社会化行为对工作适应的优势分析结果。表中第一列表示回归方程中所包含的变量；第二列为该回归方程的 R^2 值；第三、第四列则分别表示把该列自变量加入回归模型后的 R^2 增加值。在计算贡献值时，以 X1 为例，首先计算只有

X1 时的贡献，再计算加入 X2 时的贡献，分别为：0. 304/1 = 0. 304，0. 033/1 =0. 033，然后再计算(0. 304 +0. 033)/2 =0. 1685，得到 X1 的贡献为 0. 1685。重复这一过程计算出 X2 的贡献为 0. 2745，表中第六行的数据即各自对应自变量的贡献值（0. 1685、0. 2745），将各自的贡献值相加，等于工作适应的全回归模型的 R^2（0. 443）。由于在对组织社会化策略和主动社会化行为的贡献分析时，各自贡献之和刚好与全回归模型的 R^2 值相等，因此稳定性较好，不需要进一步检验。最后，分别用各自变量的贡献值除以全回归模型的 R^2，就能得出各个变量的相对权重，即表中第七行的数据。从表 5. 24 的数据可以看出，在预测工作适应时，组织社会化策略、主动社会化行为的权重分别是 38. 04%、61. 96%。即在前面已经对工作适应预测的方差中，组织社会化策略、主动社会化行为分别贡献了 38. 04%、61. 96%，从而可以得出：在预测工作适应的回归方程时，对于已经解释的那部分方差中，组织社会化策略贡献了 38. 04%，主动社会化行为贡献了 61. 96%，主动社会化行为比组织社会化策略对工作适应的影响更大，与假设 11 刚好相反。

表 5. 24　　组织社会化策略和主动社会化行为对工作适应的相对贡献

方程中已包括的变量	R^2	X1	X2
		0. 304	0. 41
X1	0. 304	—	0. 139
X2	0. 410	0. 033	—
X1X2	0. 443	—	—
对 R^2 的分解		0. 1685	0. 2745
在已预测方差中的占比		38. 04%	61. 96%

注：X1X2 指同时包含 X1、X2 两个自变量，下同。

对于主观职业成长和客观职业成长的分析预测时，采用同样的方法分配组织社会化策略和主动社会化行为的相对重要性，如表 5. 25 和表 5. 26 所示。

表 5.25　组织社会化策略和主动社会化行为对主观职业成长的相对贡献

方程中已包括的变量	R^2	X1	X2
		0.368	0.425
X1	0.368	—	0.092
X2	0.425	0.035	—
X1X2	0.460	—	—
对 R^2 的分解		0.2015	0.2585
在已预测方差中的占比		43.80%	56.20%

表 5.26　组织社会化策略和主动社会化行为对客观职业成长的相对贡献

方程中已包括的变量	R^2	X1	X2
		0.191	0.192
X1	0.191	—	0.007
X2	0.192	0.006	—
X1X2	0.198	—	—
对 R^2 的分解		0.0985	0.0995
在已预测方差中的占比		49.75%	50.25%

从表 5.25 我们可以看出，组织社会化策略在主观职业成长已解释的那部分方差中的贡献百分比为 43.80%，主动社会化行为贡献了 56.20%，由此得出主动社会化行为比组织社会化策略对主观职业成长的贡献略大，与假设 12b 相反。

从表 5.26 我们可以看出，组织社会化策略在客观职业成长已解释的那部分方差中的贡献百分比为 49.75%，主动社会化行为的贡献百分比为 50.25%，两者的相对贡献接近，这表明在组织社会化策略和主动社会化行为对客观职业成长的贡献基本相同。假设 12a 不成立。

5.6 假设检验的结果汇总

上述 12 个假设的检验结果如表 5.27 所示。

表 5.27　　研究假设的验证结果

序号	假设内容	验证结果
组织社会化策略与新员工工作适应的关系及新员工类型对两者之间关系的影响		
H1	组织社会化策略积极影响新员工工作适应	接受
H2	新员工的类型在组织社会化策略与新员工工作适应之间起正向调节作用。与有工作经验的转换者相比，制度化的社会化策略对毕业生工作适应的影响更为显著	接受
性别对组织社会化策略与工作适应之间关系的影响		
H3a	性别调节伴随策略与新员工工作适应之间的关系。与男性新员工相比较，伴随策略更有利于女性新员工的社会整合	拒绝
H3b	性别调节授予策略与新员工工作适应之间的关系。与男性新员工相比较，授予策略更有利于女性新员工的角色清晰	拒绝
H3c	性别调节集体策略与新员工工作适应之间的关系。与男性新员工相比较，集体策略更有利于女性新员工的角色明晰和社会整合	拒绝
主动社会化行为与新员工工作适应的关系及新员工类型对两者之间关系的影响		
H4	新员工主动社会化行为积极影响其工作适应	接受
H5	新员工的类别在主动社会化行为与新员工工作适应之间起负向调节作用。与没有工作经验的毕业生相比，工作转换者采取高水平的主动社会化行为有利于其更好的工作适应	拒绝
组织社会化策略与主动社会化行为的交互对新员工工作适应的影响		
H6	组织社会化策略与主动社会化行为的交互积极影响新员工工作适应。随着新员工主动社会化行为的增加，制度化社会化策略对新员工工作适应的影响逐渐增强	接受
新员工类型对组织社会化策略与主动社会化行为的交互和新员工工作适应之间关系的影响		

续表

序号	假设内容	验证结果
H7	新员工主动社会化行为与新员工类别的交互对组织社会化策略与新员工工作适应之间的关系具有调节作用	部分接受
职业成长的构念		
H8	职业成长的测量指标分为客观指标和主观指标两大类；其中客观指标包括薪资的增长次数、岗位调整次数和晋升次数，主观指标包括晋升可能性、职业潜力和职业能力提升	部分接受
工作适应在组织社会化策略与职业成长之间的关系研究		
H9a	工作适应在组织社会化策略与新员工客观职业成长之间起中介作用	部分接受
H9b	工作适应在组织社会化策略与新员工主观职业成长之间起中介作用	接受
工作适应在主动社会化行为与职业成长之间的关系研究		
H10a	工作适应在新员工主动社会化行为与新员工客观职业成长之间起中介作用	部分接受
H10b	工作适应在新员工主动社会化行为与新员工主观职业成长之间起中介作用	接受
组织社会化策略和主动社会化行为对工作适应和职业成长的优势分析		
H11	组织社会化策略对新员工工作适应的影响可能大于主动社会化行为	拒绝
H12a	组织社会化策略对新员工客观职业成长的影响可能大于主动社会化行为	拒绝
H12b	组织社会化策略对新员工主观职业成长的影响可能大于主动社会化行为	拒绝

新员工工作适应与职业成长研究
——组织社会化的研究视角

Chapter 6

第6章　研究结论与应用

6.1 主要研究结论

(1) 通过对不同类型的新员工表现进行统计分析发现，毕业生在主动社会化行为、工作适应及主客观职业成长等各个方面的表现都显著优于工作转换者。通过对不同年龄的新员工表现进行统计分析发现，越是年轻的新员工，他们对岗位和组织越有热情，愿意采取积极主动的融入行为；尽管其入职时间不长，获得的实际加薪或晋升次数有限，但并不影响他们对自身在组织未来的发展充满信心。通过对不同工作年限的新员工表现进行统计分析发现，工作年限较短的新员工往往工作热情较高，愿意在进入组织后积极打造自己的角色，随着工作年限的增长，这种积极性会逐渐降低，进入职业发展的停滞状态。

由于本书以入职 3 年以内的新员工为研究对象，且这些新员工大多为“85 后”和“90 后”，在职位分布上以基层岗位和初级员工为主。这意味着对于基层岗位的人员招聘来说，校园招聘的质量明显优于社会招聘的质量，即使进行社会招聘，也应优先选择那些更加年轻、有较短工作年限的工作转换者，因为他们的工作热情更高。

(2) 组织社会化策略积极影响新员工工作适应，且新员工的类型调节了组织社会化策略与其工作适应之间的关系。制度化的社会化策略将会带来新员工更高水平的工作适应（$\beta = 0.478$，$p < 0.001$），这完全验证了以往学者的研究结论。但是本书并未发现个体化的社会化策略更有利于转换者工作适应的结论（见图 5.1）。尽管与毕业生相比，组织社会化策略对转换者工作适应的影响明显降低，但亦为正向显著。这意味着无论新员工的类别是毕业生还是工作转换者，实施制度化的社会化策略均有利于他们更好地适应工作，但是制度化的社会化策略对毕业生工作适应的影响更为强烈。原因可能在于：本书的研究内容决定了调查对象的年龄须控制在 40 岁以内，其中 1985 年以

后出生的新员工占总样本的 70% 左右，可见，本书的研究主体为“新生代”员工。他们伴随着互联网成长起来，普遍受过良好教育，独生子女的家庭背景使他们既具有高度的自我导向，同时又有很强的依赖性。他们渴望快速融入组织、熟悉岗位，得到上级和同事们的认可，而制度化的社会化策略无疑满足了他们的这一需求，组织对入职培训的系统设计让这些“新生代”员工享受到如家长般的精心呵护，因此，无论这些新员工是毕业生还是工作转换者，正规的、结构化的组织社会化策略都会受到他们的欢迎；由于工作转换者以往拥有一定的工作经验和社会阅历，对组织入职培训活动中“洗脑”般的价值观和企业文化说服有一定的免疫力，所以制度化的社会化策略对他们工作适应的影响可能小于毕业生。

（3）本书未发现新员工的工作适应存在显著的性别差异（$P > 0.05$），也未发现伴随的、集体的和授予的社会化策略更有利于女性新员工的角色清晰和社会整合。相反，本书发现对女性新员工而言，伴随策略与社会整合之间的关系较弱，而对男性新员工而言，伴随策略与社会整合之间的关系相对较强（$\beta = -0.187$，$p < 0.1$），这说明组织的伴随策略更有利于男性新员工的社会整合。同样，本书也发现集体的社会化策略对男性新员工角色清晰的积极影响强于对女性新员工的影响（$\beta = -0.118$，$p < 0.1$）。

这与以往学者的研究结论不同，原因可能在于：以往的研究或者以军队中的女性新兵为研究对象，或者以新入职的女性管理者为对象，或者以女性技术人才（如工程师）为对象，无一不是从行业或职位上进行了限定，而本书涉及各行各业，且普通员工的比例占到 70% 左右，这可能在一定程度上影响了研究结论。

（4）新员工的主动社会化行为积极影响新员工工作适应，但是新员工的类型对主动社会化行为与工作适应之间的关系不起调节作用。这说明新员工无论是毕业生还是工作转换者，他们采取较高水平的主动社会化行为，包括积极的信息与反馈搜寻行为、积极的一般社会化行为、积极构建网络联系和开发人情关系均能给他们带来更好的工作适应。这与以往学者的观点基本一致。开发人情关系这一具有中国特色的主动社会化行为维度在本书中得到了有力的验证，它与其他三个行为维度一样，对新员工的工作适应有极为积极显著的影响（$\beta = 0.463$，$p < 0.001$）。

另外，本书没有发现毕业生与工作转换者的主动社会化行为对其工作适应的影响存在显著差异，这意味着无论是没有工作经验的毕业生还是拥有工作经验的转换者，其采取积极主动的社会化行为都会带来更好的工作适应，两者并无适应程度上的显著差异。尽管本书也发现，与工作转换者相比，毕业生会采取更为积极的主动社会化行为（$F = 7.375$，$p = 0.007$），但这种更为积极的主动社会化行为并未导致他们比工作转换者有更好的角色和任务认知，以及产生更好的人际网络联系。

（5）新员工主动社会化行为在组织社会化策略和工作适应的关系之间起正向调节作用。其中信息与反馈搜寻、一般社会化、网络联系和开发人情关系这四种主动社会化行为均为显著正向调节（$\beta = 0.117$，$p < 0.05$；$\beta = 0.151$，$p < 0.01$；$\beta = 0.118$，$p < 0.05$；$\beta = 0.216$，$p < 0.001$），这意味着在新员工采取高主动社会化行为的情境下，组织社会化策略对他们工作适应的积极影响更为强烈，即越偏向制度化的社会化策略越能带来高水平的工作适应；而在新员工采取低主动社会化行为的情境下，制度化的社会化策略亦能积极影响新员工工作适应，但影响程度明显降低（见图 5.4）。在主动社会化的四个行为维度中，开发人情关系的调节效应最为显著（$R^2 = 0.045$）。这意味着与信息与反馈搜寻、一般社会化和网络联系行为相比较，开发人情关系除了能带来新员工的更高水平的工作适应以外，还能最强烈地影响到组织社会化策略与新员工工作适应之间的关系，即如果新员工能积极主动地在工作之余与那些利益相关者建立联系，组织实施的严格统一的社会化策略将最有利于其工作适应；如果新员工表现消极，

则统一的社会化策略对他们工作适应的影响最小。

（6）新员工的主动社会化行为和新员工类别的交互在组织社会化策略与工作适应之间会产生协同调节效应。研究发现："在毕业生采取高水平的一般社会化行为的情境下，制度化社会化策略对其工作适应的影响最大；次之是工作转换者采取高水平的一般社会化行为和工作转换者采取低水平的一般社会化行为；在毕业生采取低水平的一般社会化行为的情境下，制度化社会化策略对其工作适应的影响最小"（何辉，2015）。对毕业生而言，一般社会化行为对组织社会化策略与其工作适应之间关系的调节作用最为显著（$\beta = 0.159$，$p < 0.05$）。这可能是因为新员工采取其他三种主动行为（信息寻求与反馈、构建网络联系与开发人情关系）的前提条件是对组织和工作环境有一定的熟悉和了解，而毕业生刚刚入职，以往又缺乏工作经验，他们不大可能在短期内采取上述三种主动行为；相比之下，毕业生更可能主动参与午餐、运动会、出游等日常交往活动，即一般社会化行为，通过这类活动迅速获得组织身份的认同感。

（7）职业发展、职业成功与职业成长三个概念在内涵上既有重叠，也有区别。职业发展是指个体按年龄划分包含多个有先后顺序阶段的连续发展过程，一般不局限于某个组织。职业成功是指个体已经获得的心理或工作的成果或成就。职业成长研究的是"某个组织内部或不同组织间个体的职业进展状况，它既关注收入、晋升等客观指标，也关注对未来职业进步的认知与感受等主观指标"（何辉，2016）。本书的研究发现："组织内职业成长是主客观指标的整合概念，其中客观指标包括加薪、岗位平行调整和岗位晋升次数等三个维度，主观指标是指员工个人对其未来职业进步的评估，包括晋升可能性、职业潜力、一般能力提升和特殊能力提升四个维度"。晋升可能性也称为职业前景，是对个体在组织中未来能获得晋升机会的估计；职业潜力是指未来获得职业发展的可能性或是对目前工作所取得成就的期望效用；一般能力提升包括基本读写与计算能力、人际关系能力、信息技术能力、系统思考能力和工作伦理倾向的提升，这是员工从事任何活动都必须具备的能力；特殊能力提升包括领导能力和管理能力的提升，这是员工从事管理活动必须具备的能力。职业成长的主观指标与客观指标之间有中低度的相关性，这说明两者确实是两类相关但不同的职业成长指标，共同构成衡量组织内职业成长的指标体系。

（8）工作适应部分中介了组织社会化策略及主动社会化行为对新员工主观职业成长的影响。这说明制度化的社会化策略及积极的主动社会化行为能积极预测新员工对个人职业成长的主观感受，但这种预测是部分通过新员工的工作适应进行传递的（组织社会化策略的 β 系数分别为 0.316、0.317、0.183 和 0.188，$p<0.001$；主动社会化行为的 β 系数分别为 0.316、0.355、0.294 和 0.299，$p<0.001$）。也就是说，新员工入职以后的工作适应状况可以进一步预测他们对未来职业进步的主观感受，工作适应得越好，他们对自己未来的职业发展就越有信心。组织实施制度化的社会化策略以及新员工自身积极主动的社会化行为更有利于新员工尽快适应工作岗位和环境，从而使他们对自己未来的职业发展状况充满信心。

（9）工作适应部分中介了组织社会化策略及主动社会化行为对新员工加薪次数的影响，对客观职业成长的另两个指标晋升次数和岗位调整次数不起中介作用。这说明制度化的社会化策略和积极的主动社会化行为能带来新员工未来更多的加薪次数，但这种影响也是部分通过新员工的工作适应进行传递的（组织社会化策略的 β 系数为 0.124，$p<0.01$；主动社会化行为的 β 系数为 0.127，$p<0.01$）。也就是说，新员工入职以后的工作适应状况可以进一步预测他们未来的加薪次数，工作适应得越好，他们未来的加薪次数就越多。组织实施制度化的社会化策略以及新员工自身积极主动的社会化行为更有利于新员工尽快适应工作岗位和环境，他们获得的加薪次数也就越多。

至于客观职业成长指标中的晋升次数和岗位调整次数，本书发现两者并不受新员工工作适应状况的影响。原因可能在于岗位调整、晋升决策往往取决于组织发展战略、部门结构调整、绩效评价结果以及是否存在岗位空缺等客观因素，与新员工感知到的个人工作适应状况并无关联。

（10）在组织社会化策略和新员工的主动社会化行为对工作适应的优势分析中，新员工的主动社会化行为对工作适应的影响更为显著和强烈（两者的贡献值分别为61.96%和38.04%），主动社会化行为的贡献几乎是组织社会化策略的两倍之多；同样，相较组织社会化策略，新员工的主动社会化行为对主观职业成长的预测也更明显（两者的贡献值分别为56.2%和43.80%）。由此可以得出新员工的个人能动性在工作适应和对其未来职业进步的感受和评价方面发挥更大的作用。而根据客观职业成长的贡献分析得出，组织社会化策略和新员工主动社会化行为对客观职业成长的贡献基本相同，这可能是由于：新员工的客观职业成长主要受绩效评价结果以及岗位空缺数量的影响，与组织实施的社会化策略与新员工个人的主动融入行为没有直接的关联性。

6.2　以组织社会化为基础的新员工招聘和入职培训干预

6.2.1　打破职业生涯入口的雇佣性别歧视

职业生涯入口是个人职业生涯的准备期，它是确定个人职业发展方向的起点。很多雇佣单位在录用过程中存在显性的性别歧视，如在招聘说明中明确规定只录用男性，或虽然没有明文规定但在实际操作中却明显偏好男性。从本书的研究结果看，在入职初期（前三年），男女新员工的主动社会化行为、工作适应状况和职业成长水平并无显著差异；与男性相比，女性新员工在入职初期的职场竞争中并不处于劣势，这说明女性的职业发展阻隔是在日后随着工作年限的增加逐步显现的。按照国内外学者的研究，女性的职业发展阻隔是多种因素的集合效应。传统的社会性别偏见强化了男性的主导地位，组织中对女性员工的认知与评价普遍低于男性；即使女性同样拥有男性的能力和特征，组织仍然持怀疑或“视线向下”的态度，吝于提供发展机会和平台。另外，也有部分女性由于生育或者家庭中的角色分工，自己主动放弃了晋升和职业野心。但是，从法律和组织角度看，政府政策和雇佣单位对女性员工的就业公平应该给予保障。

打破职业生涯入口的雇佣性别歧视可以从两个方面入手，一是法律政策，二是组织意识。前者要求必须将社会性别纳入决策主流。党的十八大首次将男女平等作为基本国策写入报告，即使如此，我国现在依然还没有专门针对雇佣性别歧视的立法，反性别歧视的法律法规散落于《宪法》《劳动法》和其他相关法律文件中，明显缺乏系统性，对举证责任、救济措施和保障措施的规定也含糊不清。纵观欧洲和美国等西方国家，无一不是针对就业性别歧视进行专门立法，明确规定禁止任何基于性别、种族、残疾、宗教、年龄等实施的各类就业歧视。除此之外，除了职业生涯入口的招聘与录用，反雇佣歧视的环节还应涵盖到报酬福利、安全生产与卫生保护、职业培训以及休息休假等各个重要环节。为使反雇佣歧视顺利实施，必须详细规定雇佣歧视的判别标准，即用人单位在对职业资格进行限制时，必须依照工作岗位性质，证明该职业资格限制与其工作岗位的关联性，否则即认定为歧视。同时，必须搭配举证责任分配与法律救济的相关规定，具体做法可效仿欧美国家，即只要原告可提供表面证据证明其遭受的就业歧视确实存在，被告就必须承担抗辩的举证责任。一旦抗辩失利，就应向遭受歧视方提供相应的损害赔偿，也不排除向遭受歧视方提供复职甚至晋升等其他的救济方式。值得注意的是，目前我国并没有专门设立的反雇佣歧视执行机构，可以尝试在各地区的人力资源和社会保障部门内部先行设立相对独立的部门，负责监督就业歧视、促进平等就业，等条件成熟再成立类似西方国家的“平等就业机会委员会”这样的专门机构，真正实现充分的雇佣平等。

从组织角度来看，组织应该为女性员工获得与男性同等的职业发展机会承担相应的责任。具体表现在：其一，组织应充分发挥女性在职业竞争中的比较优势。女性的生理特征决定其具有较好的沟通能力、富有耐心与同理心、直觉准确等。与男性相比，女性员工表现出更多的人际倾向，她们喜欢亲近他人，更能对付那些难缠的同事（Dodd-McCue and Wright，1996）。女性与生俱来的温婉、理解、柔和的特质更容易在沟通中取得对方的谅解；在面临困境时，女性更有可能坚持到底；女性更善于换位思考，更可能赢得他人的尊敬与支持；相对于男性的理性思维，女性的直觉会在危急时刻帮助组织赢得先机。其二，进一步发挥“导师”的重要作用。“导师”的作用不仅应体现在入职培训期间指导业务和技术方面，更重要的是能帮助晋升以及适应新角色。Ragins 等（1996）认为导师对于女性员工突破性别障碍、实现职业晋升的作用非常关键。而实践中女性员工在工作中有导师的比例只占很小一部分。导师能带领女性进入组织内管理人员的社会网络群体，帮助她们克服与高管人员的交往障碍，实现顺利晋升。其三，管理者应意识到“性别刻板印象”并努力克服。近年来生育保险缴费比率普遍降低减轻了企业负担，而生育成本的社会化也在一定程度上缓解了雇佣性别歧视。随着女性退休年龄的延迟，生育因素对职业生涯的影响也在降低。管理者一方面应该充分发掘女性员工在和谐组织氛围、提升组织承诺和工作创新创造等方面发挥的重要作用，另一方面也应该认识到只从男性中选拔人才可能会带来高昂的机会成本和决策风险。总之，组织应公正看待女性员工的价值，严格遵守国家法律法规和相关政策，一视同仁地为男女员工提供同等的雇佣和升迁机会，逐步消除先入为主的性别选拔标准，为女性员工的职业发展提供公平、竞争的资源和环境支持。

6.2.2　做好校园招聘

校园招聘已经成为年轻的知识型员工的重要招聘渠道。根据本书的研究结论，毕业生无论是在主动社会化行为、工作适应以及职业成长的直接表现方面，还是对组织社会化策略与工作适应之间关系的调节以及与主动社会化行为的协同调节效应方面都比工作转换者显著。校园招聘作为毕业生招聘的重要渠道，理应受到企业的重视。企业进行校园招聘，首先要做好前期宣传工作，选择广泛的招聘宣传资料发布平台。目前的毕业生几乎都是“85后”“90后”年轻人，他们被称为新生代，在互联网背景下成长起来，对社会化媒体的认知和使用程度极高。同时，这些人的就业态度往往较为随性，极为看重工作兴趣及工作与生活能否达到平衡。为了唤醒这些劳动力市场中非主动应聘的新生代员工，企业在进行校园招聘时必须主动与他们良好沟通，通过内容发布有效吸引并产生粘性。社交招聘正是在这种情况下应运而生。目前社交媒体正被西方企业越来越多地用于员工招聘，但在我国它只是作为传统招聘手段的有益补充。

（1）如何利用社交媒体进行校园招聘。

我国社交媒体招聘主要表现为微博、微信、娱乐社交网站和职业社交网站招聘四种形式。在微博招聘中，企业既可以利用新浪微博自身的招聘功能，在新浪招聘频道中发布信息，毕业生通过微博的搜索引擎，设定职位标签，从而精准寻找心仪的岗位；也可以自建官方微博账号发布招聘信息，毕业生通过日常关注企业官方微博来获取职位信息。微信招聘和企业自建官微号类似，企业方可以用较低的价格申请微信公众号，毕业生也是通过关注公众号了解职位信息并与招聘方互动。以人人网、QQ空间为代表的娱乐性社交网站也附带招聘求职的功能。以人人网为例，其首页设置包括有“找工作”等栏目，包括实习机会、宣讲会、招聘会、招聘信息和招聘进程等信息，也可关注中意的公司，并在此分享和查看自己和他人的求职及实习经验。职业类社交网站以Linked In为代表，包括国内的“天际网”“若邻网”“大街网”等，它们均以招聘求职为目的，兼有社交娱乐功能。个人用户可以在上面编织人脉关系，拓展职业发展机会；企业用户则可以招聘中高级人才。

总体来说，企业利用社交媒体进行校园招聘的基本流程是：企业在社交媒体上发布职位信息，毕业生搜寻到有意向的职位后，通过社交媒体的简历或档案接口发出求职简历；雇主接受简历后发出面试或测试邀请函，要求求职者在线参与，他们可通过社交主页展示自己的资质和特长，而雇主也可以通过查看求职者的朋友圈和互动过程进行背景调查。在线测试或面试后，雇主再根据需要进行线下测评，最终决定是否录用。

与传统的被动等待求职者投递简历相比，社交媒体招聘对企业招聘人员的素质无疑提出了更高的要求，他们必须具备主动寻找和接触候选人（特别是被动候选人）的能力，以及对候选人信息进行全面搜寻和筛选的能力。由于毕业生普遍为“85后”“90后”，他们的语言方式年轻化网络化，招聘人员的沟通方式应该与之匹配；社交媒体招聘平台除了承担直接招聘的功能以外，它还是毕业生的人生观价值观、性格特质、学习和生活经历等的真实反映，这些未经修饰的求职者个人信息节省了招聘人员的辨识时间，提高了毕业生与潜在雇主相互适配的效率。同时，社交媒体招聘必须常态化。由于大学生信息需求和社交需求的旺盛，他们对社交媒体重度依赖。为建立用户粘性，社交媒体招聘必须由原来的阶段性和集中性转为分散化和长期化，即使企业不发布招聘信息，也要不断维护和更新自己的账号，时时发布一些诸如励志故事、招聘经验、职场分享等信息，用以培养和吸引潜在员工。

（2）社交媒体校园招聘的隐私保护问题。

值得注意的是，企业利用社交媒体进行校园招聘时应注重申请者个人隐私的保护。现代的隐私权观念不仅包含个人信息，还包括那些被传递和交流的数据，甚至是沟通事件本身。国际上对网络隐私权的保护主要有两种模式：一是以行业自律为主导，二是以法律制度为主导。迄今为止，我国没有一部法律有明确的隐私权保护内容，也未把隐私权作为一种独立的人格权进行保护。从目前各国关于个人隐私保护的法律法规来看，主要着重于强调“告知与许可”，即如果组织想要收集或使用用户的个人信息，需要将收集的目的告知用户并征求用户的同意。同时，招聘人员应避免搜寻侵犯申请者隐私的信息，如亲密关系、创伤事件、政治背景或宗教信仰等，把注意力放在那些与工作显著相关的特征和行为上。招聘人员一方面应该熟悉本国保护网络隐私权的法律法规。另一方面，由于互联网技术发展迅速，更新周期短，立法有时很难达到与技术的发展同步，招聘人员及时关注行业指导与自律规则也同样重要。

6.2.3 对候选人进行甄选时注重其主动性人格和职业能力的判定

（1）主动性人格的甄选与测量。

主动性人格最早由 Bateman 和 Crant（1993）提出，是指“个体不受环境因素的制约、主动采取行动以改变外部环境的行为倾向性”。主动性人格是个体主动行为的前因变量，它能显著地预测主动行为（Parker，2006；Parker and Collins，2010）。因此，无论是校园招聘还是社会招聘，对候选人进行甄选时应注重其主动性人格的测量。从本书的研究结果来看，那些愿意在工作中采取高主动社会化行为的人往往也能更好地适应工作，未来对组织的认同感和工作满意度也可能更高。在新员工的招聘录用过程中，除了按照岗位要求考察其知识和技能以外，还应当考察那些对新员工主动行为具有预测效度的人格特质，运用主动性人格测量问卷、无领导小组讨论法等情境测试的方式予以甄选和识别。

目前对主动性人格测量使用较多的是由 Bateman 和 Crant（1993）开发的主动性人格量表（Proactive Personality Scale，PPS）。该量表是单维结构，包含 17 个项目。在实际应用中，研究者们还开发了简缩版的 10 项目、6 项目、5 项目和 4 项目几种版本的量表，但在欧美国家进行跨文化的检验时发现，只有 6 项目的简缩版本拟合指数较好。国内学者分别以大学生、中学生和职场员工群体为被试对 PPS 不同的简缩版本进行适用性检验时也得出了截然不同的结论。PPS 的整版和简缩版，哪一个更具有代表性、更能准确测量被试的主动性人格？这还有待于进一步的研究和验证。

除此以外，企业还可以采用无领导小组讨论法、角色扮演等情景模拟方法来甄选那些具有高主动性人格的新员工。一般来说，通过情景模拟筛选高主动性人格的候选人可以关注以下行为特征：一是喜欢挑战现状而不是被动适应和反应；二是善于识别并抓住机会、能果断采取并坚持行动直至引起改变；三是善于发现并解决问题，并能对小组其他成员产生强大影响力。情景模拟法的具体评价要素可能包括团队意识、沟通能力、主动积极性、组织协调性、判断力和情绪稳定性、外貌气质特征等。

（2）职业能力的预测与筛选。

本书也发现，职业能力（包括一般能力和特殊能力）的高低能在一定程度上预测个体未来的职业成长状况。这一结论也得到了研究者们的证实，例如，Loscertales 等（2007）发现，领导能力、管理能力和基本读写与计算能力显著预测毕业生的职业成长，而人际关系能力则直接决定了毕业生的晋升可能性；Troppe 和 Carlson（2006）也得出了类似的结论。除此之外，他们发现信息技术能力也对毕业 1 ~ 3 年的员工的职业成长有极为显著的预测作用。这可能意味着“企业在利用不同招聘渠道选拔新员工时，其甄选标准应该有所差异：校园招聘应该注重毕业生的基本读写与计算能力，并用情境模拟技术选拔具有管理潜力的候选人；社会招聘应该注重候选人信息技术能力的筛选。但上述两类渠道的新员工选拔都应关注领导能力和人际关系能力，这是预测其未来职业成长的重要因素”（何辉，2016）。

领导能力和人际关系能力的甄选都可通过情景模拟手段加以实

现。其中无领导小组讨论法对候选人领导能力的甄别最为显著，由于不事先指定领导，在激烈的讨论互动中总会有人脱颖而出，成为整个讨论小组的天然领导者。人际关系能力既能在无领导小组中得以体现，也可通过行为描述面试、角色扮演等手段予以甄选。

6.2.4 新员工入职培训干预

第一，组织对新员工（包括毕业生和工作转换者）提供的入职培训活动应该尽量做到正规化和结构化。

尽管目前的新员工以“85 后”为主，具有强烈的个人主义倾向和自我中心意识，但是他们在入职初期依然看重制度化的社会化策略，期待组织的正式引导活动，这一点对没有经验的毕业生和有工作经验的转换者都是如此。组织实施结构化的入职培训活动可从情景层面、内容层面和社会层面进行。

情景层面是指组织向新员工提供各种信息的背景差异。制度化的社会化策略要求组织实施集体的和正式的入职培训制度。也就是说，新员工入职培训要将所有新员工集中起来，统一向他们传授组织文化、价值观及管理制度等组织基本信息，多为离岗进行。由于新员工与其他组织成员分开，统一的入职培训容易使新员工获得一套清楚明确的标准。同时，鼓励新员工之间沟通。因为实施集中培训，他们在培训中所遇到的情境与问题可能具有一定程度的相似性，组织可通过座谈、讨论会、内部网络等方式为新员工提供相互沟通的机会和平台，同时指定专门的培训管理者为他们提供共同指导。

内容层面是指组织向新员工提供的信息内容。制度化的社会化策略要求组织实施连续的和固定的入职培训活动。这包含两个方面的含义：一是入职培训活动的流程信息，二是职业发展信息。前者是指在培训活动正式实施前，组织告知新员工明确的培训活动内容及时间进度表，让新员工能提前根据培训进度安排调整个人的学习与适应方式；更重要的是让他们了解培训评估的考核标准，减轻他们的焦虑感和不确定性，提高培训质量。职业发展信息是指明确新员工在组织内的晋升通道，告知他们职业生涯发展所需要经历的各个阶段，每个阶段耗费多长时间，以及组织将为新员工不同阶段的职业发展提供何种支持与帮助等。

社会层面是指对新员工组织社会化过程中的社会和人际方面的描述。制度化的社会化策略要求组织实施伴随的和授予的入职培训活动。组织应为新员工指定固定的“导师”或“教练”辅导新员工掌握知识、技能和经验，同时他们作为角色榜样为新员工的职业生涯发展提供指导和建议，帮助他们建立起组织支持感。除了正式的“导师”或“教练”以外，新员工的主管、同事和培训管理人员（他们也有可能被指定为“导师”或“教练”）也要支持新员工把培训所学应用到工作实践中去。这些“导师”一方面支持新员工进行培训成果转化，另一方面他们也要善于发现新员工以往拥有的知识和经验是否对组织有益，正确引导新员工保留那些与组织的价值观和岗位要求相匹配的特征。

第二，将新员工入职培训与职业发展相结合。

这一点在前面已经提到，但它多针对那些具有发展潜力的应届毕业生，即指管理培训生计划（Management Trainee program，MTP）。此项目是许多大企业为满足对管理人员的长远需求而设立的一种人才快速培养制度，受训对象主要是应届毕业生，通过向这些年轻人提供短期的课堂学习和在不同岗位进行工作轮换的机会，辅之以全程辅导制度，使他们在 3 ~5 年之内迅速成长为既有实际工作经历又具备专业技能和管理能力的管理人才。很多大企业都实施了 MTP，如 IBM 公司的“蓝色之路”计划、西门子公司的“学生圈”、摩托罗拉公司的“摩托营”以及京东集团的“京鹰团”。

管理培训生项目的实施离不开工作轮岗与辅导。通过工作轮换，培训生有机会尝试不同的岗位，了解自己的优势与不足；通过全程辅导，培训生能在“导师”或“教练”的指引下进行职业自我定位和职业发展规划的制定。“教练”一般针对业务，由轮换部门经理担任，他们要对培训生的轮岗表现做出准确评价；“导师”一般针对培训生的职业生涯发展，由资深经理担任，与“教练”的一对一辅导不同，“导师”一般辅导 2 ~ 3 名培训生。他会引导培训生进行职业自我评价并制订职业发展计划。即使有些培训生没能通过轮换考核，辅导制也能把毕业生放到更合适的位置上，实现精准的人岗匹配。

根据美国全国高校和雇主协会（National Association of Colleges and Employers）2014 年针对雇主的调查报告，除了沟通能力以外，工作伦理是目前毕业生最为缺乏的能力。这与 2015 年前程无忧发布的调研报告基本一致。其实工作伦理并不是一种实际技能，它是指个体的工作意向，包括出勤状况、准时性、受激励程度、工作态度、依赖性、对工作要求和职业发展的真实期望等（Rosenberg，2011）。对培训生来说，工作伦理能力的提升显得尤为重要，因为他们中的大部分将成为组织未来的管理者。所以在设置管培生计划时，要把工作伦理培训纳入其中。具体来说，入职培训时要注重培养毕业生的工作场所信念（workplace spirituality），包括在课堂上用清晰的组织愿景和战略提升工作的意义，轮岗时用丰富化的工作设计提升新员工的工作自主性，辅导时用和谐的人际关系增加新员工的工作投入等。

第三，鼓励新员工的主动社会化行为。

本书发现，新员工的主动社会化行为包括信息与反馈搜寻、一般社会化、网络联系和开发人情关系四个维度。按照 Morrison（1993）的观点，“信息搜寻可分为技术信息搜寻与参考信息搜寻，其中技术信息是指如何完成任务、使用设备等的信息，而参考信息则指关于角色要求、组织期望等方面的信息；反馈搜寻是指新员工从上级、同事那里搜集有关自身绩效的信息”。组织可通过为新员工指派专门的“导师”或“教练”，让其与新员工结成“伙伴式体系”，以便在新员工遇到问题或困惑时随时求教。其中“教练”一般由新员工的直接经理或直接经理指派部门内资深员工担任，他们负责直接评价并反馈新员工的工作绩效；“导师”则可能由人力资源部门的相关人员担任，他们负责传递组织文化等参考类信息，并引导新员工进行职业规划等方面的思考。

一般社会化是指新员工的日常交往活动，如与同事共同午餐、参加本组织或部门举办的聚会、比赛等活动，这是新员工最为初级的主动社会化行为。一般社会化的目的在于加速社会整合，使新员工能尽快融入组织中，获取组织成员身份。工会可以在这方面发挥更大的作用。

与一般社会化相比，网络联系行为更为主动积极，它包括两个方面的内容，一是新员工主动进行的跨部门交往行为，即主动与其他部门的人员结识、接触；二是指新员工主动与其上级建立良好关系的努力行为。何辉（2013）针对北京市某地产中介公司新入职的 41 名员工的访谈研究表明了新员工网络联系行为的多样性。她发现新员工在社会化过程中通过积极的观察和沟通行为把主管、同事甚至秘书人员作为角色榜样，尽管他们自己否认了这一点。他们往往把最优秀的同事作为成功榜样，与这些成功榜样互动得最多，以便积累经验掌握工作技能；把主管作为激励榜样，因为他们可以从激励榜样那里获得有关绩效和工作行为的反馈信息；把秘书和其他业绩一般的同事当作生存榜样，因为他们能获得组织的相关信息以及工作建议等。那些积极主动地使用各种可能的角色榜样的新员工更有可能获得成功。所以组织应该尽量为新员工创造与其上级、同事或组织其他成员交往的机会，如前所述的各种社交活动，或者鼓励在工作中结成小组或团队、鼓励开展跨部门的合作、组织各种竞赛或社会联谊活动等。

开发人情关系是本书验证发现的新维度，对中国背景下新员工的主动社会化行为具有重要意义。“虽然人情关系和一般意义上的人际关系有相同之处，但是人情关系把目标放在能够给新员工提供帮助或带来好处的某个人身上，而一般意义上的人际关系则范围更广。另外，开发人情关系大多包含工作之外的活动，如家庭或朋友聚会等”（何辉，2015）。由于开发人情关系既能直接影响新员工的工作适应与融入，也能积极调节组织社会化策略与工作适应的关系，因此组织不应抑制或漠视这种员工为自身利益交换而采取的功利主义行为，相反，组织也应创造条件鼓励这种以利益交换为主要特征的非正式人际关系的构建，如通过工作场所的人性化设计为员工提供充足的私人空间以满足其个人观点、需求与情感的交流。

值得注意的是，本书的研究发现，高度正规化和结构化的入职培训活动对新生代员工的工作适应和主观职业成长的影响远低于新生代员工个人主动融入行为的影响。这意味着组织一方面应该实施统一的入职培训活动，但时间不宜过长，内容不宜过多；另一方面，组织应该更多鼓励新生代员工自身采取积极主动的融入行为。因为组织社会化是“一个新员工从组织局外人变成局内人的过程”，当新员工采取主动行为时，他们更可能认为自己是局内人，成为内部人的感受反过来也会增加新人为组织做出贡献以及与他人融合的可能性。

新员工工作适应与职业成长研究
——组织社会化的研究视角

Chapter 7

第7章　总结与展望

7.1 全书总结

本书研究的主要目的在于探讨组织社会化策略、新员工主动社会化行为及两者的交互对新员工工作适应和职业成长的影响机理，并选择性别和新员工类型作为调节变量，比较组织社会化对男性新员工和女性新员工、毕业生和工作转换者工作适应的影响差异。本书把入职3年以内的新员工作为研究对象，并控制了年龄、学历、工作年限、岗位类型等的影响。研究结论对促进中国背景下新进员工的组织社会化有一定的意义，并在此结论的基础上提出了有利于新员工工作适应和职业成长的人力资源管理策略。本书的主要工作内容包括以下几部分。

7.1.1 组织视角的研究

组织视角的研究是从组织社会化策略角度出发，探讨其对新员工工作适应和职业成长的作用机理，同时把新员工性别和类型作为调节变量，分别研究两者对组织社会化策略与新员工工作适应之间关系的调节作用。研究发现，组织社会化策略积极影响新员工工作适应，且新员工的类型调节了组织社会化策略与其工作适应之间的关系；性别对组织社会化策略与新员工工作适应之间关系的调节效应并不显著；工作适应部分总结了组织社会化策略对新员工主客观职业成长的影响。这意味着组织应该重视校园招聘，因为毕业生入职以后的工作表现要好于工作转换者；组织也应实施统一规范的入职培训活动，并把入职培训与职业规划联系起来，以便带来新员工更高水平的工作适应和对未来职业成长的良好预期；尽可能帮助女性新员工获得与男性同等的入职和职业发展机会。

7.1.2 员工视角的研究

员工视角的研究是从新员工主动社会化行为角度出发，探讨其对新员工工作适应和职业成长的作用机理，同时把新员工类型作为调节变量，研究其对新员工主动社会化行为与工作适应之间关系的调节作用。研究发现，中国背景下新员工的主动社会化行为应该包含开发人情关系这一行为维度；新员工的主动社会化行为正向影响新员工工作适应，但是新员工的类型对主动社会化行为与工作适应之间的关系不起调节作用；工作适应部分中介了主动社会化行为对新员工主客观职业成长的影响。这意味着组织招聘应关注那些具有主动性人格的候选人，可采用量表测试和情景模拟的方法进行甄选；组织也应该鼓励新员工的主动社会化行为，为新员工与上级、同事之间的交往创设条件，包括那些以利益交换为主要特征的功利主义的交往行为。

7.1.3 交互视角的研究

交互视角的研究是从组织社会化策略与主动社会化行为的交互出发，探讨两者对新员工工作适应的作用机理，同时把新员工类型作为调节变量，研究其对上述关系的协同调节作用。研究发现，新员工主动社会化行为正向调节了组织社会化策略与工作适应之间的关系，新员工的主动社会化行为和新员工类别在组织社会化策略与工作适应之间会产生协同调节效应。这意味着对毕业生来说，组织应一方面实施规范统一的入职培训活动，另一方面鼓励他们主动与其他组织成员交往并建立联系，这样才能带来最高水平的工作适应；如果只有组织单方面的入职培训活动，毕业生本身不采取主动融入行为，则这种统一规范的入职培训对他们的工作适应几乎不产生影响；对工作转换者也应采取上述行为，但它们对工作适应的影响不如毕业生强烈。

7.1.4 组织和员工视角的贡献分析

本书采用优势分析法比较组织社会化策略和主动社会化行为对新员工工作适应和职业成长的贡献大小。研究结果表明，新员工主动社会化行为对其工作适应的影响显著高于组织社会化策略的影响，新员工的主动社会化行为对其主观职业成长的预测也较组织社会化策略明显，但是对客观职业成长的预测方面两者几乎没有差异。这意味着组织一方面应实施统一的入职培训活动，但时间不宜过长，内容不宜过多；另一方面，组织应该更多鼓励新员工自身采取积极主动的融入行为。

7.2 展望与后续研究建议

作为组织社会化的重要后果之一，新员工的工作适应和职业成长是一个动态渐进的过程，本书采用截面数据研究新员工的工作适应和职业成长，可能存在偏误。今后的研究中可以采用纵向设计，追踪不同时间点的员工行为数据，这样可能更为准确地探究变量之间的关系。重要成果之二，本书所有变量的测量都采取自我报告的方法，尽管通过了同源偏差检验，但考虑到组织社会化过程中组织和员工的交互作用，如果能采集配对数据源（如企业人力资源经理、新员工的直接上级和新员工本人同时提供数据）将可能更好地检验研究假设。重要成果之三，本书的样本数量中毕业生（N=245）和工作转换者（N=396）的样本量差异略大，这很可能在一定程度上影响了研究结论。今后的研究可以有意识地增加毕业生的样本数量，可能会得出更为准确的结论。

在研究对象方面，第一，限于精力和财力的限制，本书只在北、上、广、深四个一线城市的企业获取样本数据，研究结果的推广性和普适性方面受到限制。未来的研究可继续扩大样本的范围和数量，比较一线城市和二三线城市新员工组织社会化的差异；同时，本书的研究对象大多涉及“85 后”新生代员工，对于这些员工来说，独生子女和非独生子女的成长背景也可能影响他们的组织社会化表现，未来的研究也可以此作为调节变量，进一步完善研究结果。第二，与以往大多数组织社会化的研究成果一样，本书建立在员工个体层面上，关注新员工个行为和个体适应将会带来什么样的社会化后果。而目前组织内的员工都是镶嵌在小组或部门群体内，未来研究可同时关注个体层面和群体层面，采用跨层分析方法，考察新员工组织社会化的前因变量和后果变量。第三，新员工组织社会化的研究对象既包括新加入组织的员工，也包括本组织内进行工作变换的员工，本书关注的是新进入组织的员工，未来的研究可以关注组织内进行工作变换的员工，研究他们的组织社会化问题。

在研究结论方面，第一，本书对于性别在组织社会化策略与工作适应之间关系的调节效应方面并未得出有显著意义的结论。究其原因可能在于本书的调查取样在行业上过于分散、而在职位上又过于集中（70%的基层普通员工），这可能在一定程度上影响了研究结论，今后的研究可以限定行业类别（如高技术行业）和职位类型（如专业技术人员或中层管理者），相信可以得出更有意义的结论。另外，本书对职业成长的理论构念和测量指标只是进行了初步探索，尽管通过了多种有效性检验，但并不意味着这一过程的结束。而在职业成长指标体系的构建和检验中，因为样本主要来源于企业，这使它的可推广性受到局限。未来的研究完全可以扩展到公共部门和非营利组织，以便进一步验证职业成长的测量指标体系。第二，在“一般能力提升”维度的验证方面，本书把创造性思维能力排除在外，但是新生代员工大多具有强烈的个人主义和自我导向意识，具有高度的创造和革新精神。这一令人意外的结论还须在今后的研究中进一步验证。第三，按照以往学者的研究成果，主动社会化行为在组织社会化策略与工作适应之间既有调节也有中介效应，本书只验证了主动社会化行为的调节效应，对中介效应的检验还可进一步探索。而在研究组织社会化策略与主动社会化行为的交互对新员工工作适应的影响中，本书是把组织社会化策略的影响作为主效应，把主动社会化行为的影响作为调节效应；但是有学者认为主动社会化行为并非是被边缘化的仅是起到调节或中介作用的变量，而是处于问题焦点的前因变量，组织社会化策略却恰恰是一种调节或中介作用，应该如何解释交互影响中的主效应和调节效应，这种解释有何理论依据，就成为未来的研究方向之一。

另外，关于组织社会化中新员工主动行为的研究，以往的绝大多数研究关注主动社会化行为所产生的积极后果，如对任务掌握、角色明确、人际融合、组织承诺、留任意愿、工作满意度等产生的正向影响。但其实，主动社会化行为也可能对新员工的组织社会化产生负面影响。例如，新员工从同事那里获取的信息和反馈未必有效（Saks，2011），而他们主动寻求反馈的行为可能被其上司解读为为获取良好的首因效应而进行的印象管理（de Stobbeleir，Ashford and de Luque，2010），这可能为日后对他们的客观评价埋下隐患。Cooper-Thomas 和 Stadler（2015）还指出，新员工的主动社会化行为除了可能给他们带来诸如人际融合、留任意愿等收益之外，还可能产生绩效、自尊和社会方面的成本。因为过于主动的新员工如果在某些方面投入过多的时间和精力，就必然意味着他们工作时间的减少，所以他们必须加班以延长工作时间，这又会导致压力、焦虑和潜在的工作—家庭冲突问题。综上所述，新员工主动社会化行为带来的负面结果以及它对于组织社会化的作用机制还有待于更深入的研究。

附录

附录 A

尊敬的先生/女士：

您好！首先非常感谢您能参与我们的调研！本次调研不涉及您所服务单位的商业秘密或者您个人的道德问题，并且是基于大样本的分析而得出的结论，不会单独报告您个人的结果。您的回答将被严格保密。

本次调研的目的在于了解企业员工的入职培训、工作适应及职业成长的状况。我们希望通过这次调研，能够帮助员工实现职业发展的同时也促进组织目标的更好实现。

第一部分　基本信息

1. 您的性别：(单选)

① 男　　② 女

2. 您的年龄属于以下哪一段：(单选)

① 20～25 岁　　② 26～30 岁　　③ 31～35 岁

④ 36～40 岁　　⑤ 41 岁以上—终止访问

3. 您的婚姻状况：(单选)

① 未婚　　② 已婚　　③ 其他

4. 您的学历：(单选)

① 本科以下　　② 本科　　③ 硕士　　④ 博士

5. 您目前服务单位的性质：(单选)

① 国有企业　　② 合资/外资企业

③ 民营/私营企业　　④ 党政机关或事业单位

6. 您目前服务单位所属的行业：(单选)

① 电力/热力/燃气/水生产和供应业

② 建筑业

③ 医药、航空航天、电子通信设备、计算机及办公设备、医疗及仪器仪表等高技术制造业

④ 其他传统制造业________（请注明）

⑤ 信息传输/软件和信息技术/电子商务服务

⑥ 科学研究和技术服务业/知识产权及相关法律服务

⑦ 环境监测及治理服务

⑧ 租赁和商务服务业（知识产权及相关法律服务除外）

⑨ 交通运输/仓储/邮政业

⑩ 批发/零售/住宿和餐饮服务业

⑪ 教育/卫生/文化/体育和娱乐业

⑫ 金融业

⑬ 房地产业

⑭ 公共管理/社会保障和社会组织

⑮ 其他服务业________（请注明）

7. 您的岗位类型：(单选)

① 技术岗　　② 技术管理岗

③ 职能岗　　④ 职能管理岗

⑤ 业务/营销岗　　⑥ 业务/营销管理岗

8. 您的岗位级别：(单选)

① 普通员工　　② 基层主管

③ 中层管理者　　④ 高层管理者

9. 您的职称：(单选)

① 初级　　② 中级　　③ 高级　　④ 无

10. 您的个人月平均收入是：(单选)

① 3000 元以下　　② 3001 ~ 5000 元

③ 5001 ~ 7000 元　　④ 7001 ~ 10000 元

⑤ 10000 元以上

11. 到目前为止，您的工作年限：

12. 您在目前单位中的工作年限：

第二部分 主问卷

一、以下题目在于了解您在本单位入职时所接受的培训状况、您个人所采取的行动以及您入职后的工作适应状况，请您根据您的实际情况作答。

刚进入您目前的任职单位时	非常不符合	不符合	不确定	符合	非常符合
我和其他新员工一起接受与工作有关的培训活动	1	2	3	4	5
单位安排所有的新员工接受相同的岗前培训	1	2	3	4	5
我接受了专门为新员工设计的、与工作技能有关的培训	1	2	3	4	5
直到我完全熟悉部门的工作程序和工作方法后，才承担正式工作	1	2	3	4	5
大多数同事都非常支持我，会尽力协助我的工作	1	2	3	4	5
单位中一些有经验的同事努力帮助我适应新的工作环境	1	2	3	4	5
在单位中，关于职务或工作关系都有清楚的模式可循	1	2	3	4	5
单位对于员工的晋升有着十分明确的规定	1	2	3	4	5
通过观察有经验的同事使我对自己在单位中承担的角色有了清楚了解	1	2	3	4	5
我很少从有经验的同事那里获得工作上的指导与协助	1	2	3	4	5
从其他员工的经验中，我能预测自己在单位中的职业发展道路	1	2	3	4	5
我清楚知道我在单位中的发展将按部就班进行	1	2	3	4	5

续表

入职后	非常不符合	不符合	不确定	符合	非常符合
我努力了解单位的正式机构设置	1	2	3	4	5
我努力了解单位的重要政策和程序	1	2	3	4	5
我努力了解单位中的“办公室政治”	1	2	3	4	5
我努力了解单位的非正式结构	1	2	3	4	5
我会在任务完成后搜集有关自身绩效的反馈信息	1	2	3	4	5
我会从上司那里寻求对我的评价	1	2	3	4	5
在执行任务过程中，我会搜集有关自身绩效的反馈信息	1	2	3	4	5
我会询问上司对我工作的看法	1	2	3	4	5
我会参加办公室组织的社交活动来结识朋友（如聚会、比赛、外出、午餐等）	1	2	3	4	5
我会参加单位组织的社交聚会活动	1	2	3	4	5
我会参加办公室组织的聚会	1	2	3	4	5
我会主动和单位里不同部门的员工交谈	1	2	3	4	5
我会努力与单位其他部门的员工接触交流	1	2	3	4	5
我会尽可能多地结识单位里其他部门的员工	1	2	3	4	5
我会尽量与上司多接触	1	2	3	4	5
我会努力与上司建立良好关系	1	2	3	4	5
我会努力去了解我的上司	1	2	3	4	5
我会与那些可能对我未来发展有利的同事建立友谊	1	2	3	4	5
我会与那些未来可能给我帮助的同事保持亲密联系	1	2	3	4	5
我会给那些可能对我未来发展有利的同事买饭或送他们小礼物	1	2	3	4	5

续表

入职后	非常不符合	不符合	不确定	符合	非常符合
我会在单位中加入某个非正式群体，因为该群体的成员可能对我有帮助	1	2	3	4	5
我会在假日或工作之余与那些可能对我有利的同事呆在一起	1	2	3	4	5
我会与那些未来可能给我帮助的同事分享个人观点、问题、需求与情感	1	2	3	4	5
我会帮助那些可能对我有利的同事	1	2	3	4	5
入职后您对单位和工作的适应状况是	非常不符合	不符合	不确定	符合	非常符合
我有信心掌握了足够的工作知识和技能	1	2	3	4	5
我感到我有能力完成我的工作	1	2	3	4	5
完成工作任务所花费的时间比我的预期要长些	1	2	3	4	5
工作时我很少犯错误	1	2	3	4	5
我清楚知道上级如何评估我的工作绩效	1	2	3	4	5
我了解在单位中我所承担工作的意义	1	2	3	4	5
我清楚知道上级对我的工作有何种期望	1	2	3	4	5
我清楚自己在工作中何种行为是适当的	1	2	3	4	5
我感觉我的同事们已经认为我是他们中的一员	1	2	3	4	5
我在单位里和同事相处得不错	1	2	3	4	5
我感到自己已经是单位的一分子了	1	2	3	4	5
我和同事们在一起感到非常自然和谐	1	2	3	4	5

三、以下题目在于了解您在目前的任职单位里的职业成长现状，请您根据您的实际情况作答。

1. 您在目前的任职单位里每年都会涨薪吗？（单选）

A. 是—回答 1 – a　　B. 否

1 – a 您在目前的任职单位里平均每年涨薪几次？

A. 1 次　　B. 2 次　　C. 3 次

D. 4 次　　　　　　E. 5 次及以上

2. 您在目前的任职单位里总共薪资增加过几次？（单选）

A. 0 次　　　　　　B. 1 次　　　　　　C. 2 次

D. 3 次　　　　　　E. 4 次及以上

3. 您在目前的任职单位里总共从事过几个岗位？（单选）

A. 1 个　　　　　　B. 2 个　　　　　　C. 3 个

D. 4 个　　　　　　E. 5 个及以上

4. 您在目前的任职单位里有过几次岗位平行调整的经历？（单选）

A. 0 次　　　　　　B. 1 次　　　　　　C. 2 次

D. 3 次　　　　　　E. 4 次及以上

5. 您在目前的任职单位里有过几次岗位晋升的经历？（单选）

A. 0 次　　　　　　B. 1 次　　　　　　C. 2 次

D. 3 次　　　　　　E. 4 次及以上

6. 您在目前的岗位上已经工作多少年？（单选）

A. 1 年以内　　　　　　B. 1～3 年（不包含 3 年）

C. 3～5 年（不包含 5 年）　　　　　　D. 5～7 年（不包含 7 年）

E. 7 年以上

四、下表是关于您对您在任职单位中个人职业成长相关方面的描述，请您根据您的感受做出评价。

您认为	非常不符合	不符合	不确定	符合	非常符合
在目前任职的单位，我晋升到更高职位的可能性很大	1	2	3	4	5
在目前任职的单位，我有很大的机会获得晋升	1	2	3	4	5
在目前的任职单位，我未来的职业发展还有很大空间	1	2	3	4	5

续表

您认为	非常不符合	不符合	不确定	符合	非常符合
在目前的任职单位，我感觉我已经进入职业发展的瓶颈阶段	1	2	3	4	5
我目前的工作与我未来的职业发展相关	1	2	3	4	5
我目前的工作能为我将来提供较好的发展机会	1	2	3	4	5
我目前的工作能帮我实现未来的职业目标	1	2	3	4	5
我常常想辞去我现在的工作	1	2	3	4	5
我在明年（或者不久）可能会离开现在的单位	1	2	3	4	5
我会去寻找其他的工作机会	1	2	3	4	5
我计划在现在的单位里做长期的职业发展	1	2	3	4	5
您认为您的下列能力在本单位的提升程度是	很少	较少	一般	较多	很多
基本读写能力（指听、说、读、写以及基本的数学运算能力）	1	2	3	4	5
创造性思维能力（指思维创新、制定决策和解决问题的能力）	1	2	3	4	5
管理能力（指为满足组织目标而实施的计划、组织、领导和控制能力）	1	2	3	4	5
领导能力（指激励他人实现组织目标的能力）	1	2	3	4	5
人际关系能力（指在团队中工作、帮助他人学习、提供客户服务、商讨以达成一致意见、处理差异以及在跨文化组织中工作的能力）	1	2	3	4	5
信息技术能力（指选择程序、设备和工具以获取和评价数据的能力）	1	2	3	4	5

续表

您认为您的下列能力在本单位的提升程度是	很少	较少	一般	较多	很多
系统思考能力（指理解社会系统、组织系统和技术系统并能在其中运行的能力）	1	3	3	4	5
工作伦理（指个体的工作意向，包括出勤状况、准时性、受激励程度、按时完成任务的能力、耐心、态度、依赖性、专业性、对工作要求和职业发展的真实期望等）	1	2	3	4	5

五、下表是关于您对你目前任职单位的情感及满意度状况方面的描述，请您根据您的感受做出评价。

您认为	非常不符合	不符合	不确定	符合	非常符合
当听到别人赞美我所在的单位时，我感觉就像在赞美我一样	1	2	3	4	5
我很想知道别人是怎样评价我所在的单位的	1	2	3	4	5
当我谈起我所在的单位时，我会说“我们”而不是“他们”	1	2	3	4	5
我所在单位的成功就是我自己的成功	1	2	3	4	5
当别人批评我所在的单位时，我感觉就像在批评我一样	1	2	3	4	5
如果新闻媒体批评我所在的单位，我会感到不安	1	2	3	4	5
总体上来说，我对我现在的工作感到满意	1	2	3	4	5
如果能重新选择，我仍旧选择现在的工作	1	2	3	4	5
我现在的工作基本符合我的期望	1	2	3	4	5

附录B

职业成长访谈提纲

尊敬的先生/女士：

您好！首先非常感谢您能参与我们的调研！本次调研不涉及您所服务单位的商业秘密或者您个人的道德问题，并且是基于大样本的分析而得出的结论，不会单独报告您个人的结果。您的回答将被严格保密。

本次调研的目的在于了解企业员工职业发展的状况和影响员工职业发展的因素。我们希望通过这次调研，能够帮助员工实现职业发展的同时也促进组织目标的更好实现。

如果您需要本次调研的结果，请发邮件至：herhui2006@126.com，我们将在数据分析之后及时响应，再次对您的热忱协助与合作表示深深的感谢！

北京工商大学商学院

第一部分　基本信息

1. 您的性别　男__________　女__________

2. 您的年龄　__________

3. 您的学历　本科以下__________　本科__________
　　　　　　硕士__________　博士__________

4. 您目前服务的组织性质

国有企业__________　外企或合资__________

私有企业__________　机关或事业单位__________

5. 您的岗位类型　技术型工作________　管理类工作________
　　　　　　　　技术与管理结合类工作__________

6. 您的岗位级别　普通员工________　基层主管________
　　　　　　　　中层管理者_______　高层管理者_______

7. 您的职称　初级_______　中级_______　高级_______

8. 您在目前组织中的工作年限________

第二部分　正式问题

1. 您觉得您在目前的单位获得职业方面的发展/进步/成长了吗？如果是，主要表现在以下几个方面（请至少列出3~4条）：

____

如果不是，主要表现在以下几个方面（请至少列出3~4条）：

____

2. 您觉得那些职业发展较快的员工具有哪些具体的特征？

3. 组织可以从哪些方面帮助员工实现快速的职业发展？

参考文献

[1] Abraham Carmeli, Revital Shalom, Jacob Weisberg. Considerations in organizational career advancement: what really matters [J]. Personnel Review, 2007, 36 (2): 190 -205.

[2] A. H. Eagly, Reporting sex-differences [J]. Amer. Psychol., 1987, 42 (7): 756 -757.

[3] Ang, C. H. M. Effects of mentoring and goal orientation on managerial career success. MBA thesis, School of Management, University Science Malaysia, Gelugor, 2000.

[4] Arthur, M. B, SvetlanaN. Khapova, Celeste, P. M. Wilderom, Career Success in a Boundaryless Career World [J]. Journal of Organizational Behavior, 2005 (26).

[5] Arthur M., Rousseau D. The Boundaryless Career A New Employment Principle for a New Organizational. Era. Oxford University Press, 1996.

[6] Ashforth and Saks, Socialization tactics: longitudinal effects on newcomer adjustment [J]. Academy of Management Journal, 1996, 39 (1): 149 -178.

[7] Ashforth B E, Sluss D M, Saks A M. Socialization tactics, proactive behavior, and newcomer learning: integrating socialization models [J]. Journal of Vocational Behavior, 2007, 70: 447 -462.

[8] Ashford. S., J. Black, Proactivity during Organizational Entry:

the role of desire for control [J]. Journal of Applied Psychology, 1996, 81 (2): 199 – 214.

[9] Bauer, T. N., Bodner, T., Erdogan, B., Truxillo, D. M. and Tucker, J. S. Newcomer adjustment during organizational socialization: a meta-analytic review of antecedents, outcomes, and methods [J]. Journal of Applied Psychology, 2007, 92 (3): 707 – 721.

[10] Bauer, T. N. & Erdogan, B.. Organizational socialization: The effective onboarding of new employees. [M] APA handbook of industrial andorganizational psychology. Washington. D. C.: American Psychological Association Press. 2011. 3: 51 – 64.

[11] Bauer T. N, Green S. G. Testing the combined effects of newcomer information seeking and manager behavior on socialization [J]. Journal of Applied Psychology, 1998, 83 (1), 72 – 83.

[12] Bedeian, A. G., Kemery, E. R. Pizzolatto, A. B. Career commitment and expected utility of present job as predictors of turnover intentions and turnover behavior [J]. Journal of Vocational Behavior, 1991, 39: 331 – 343.

[13] Beyer, J. M. and Hannah, D. R. Building on the past: enacting established personal identities in a new work setting [J]. Organization Science, 2002, 13 (6): 636 – 652.

[14] Burke, R. J. Mentors in organizations [J]. Group and Organization Studies, 1984, 9 (3): 353 – 363.

[15] Carnevale, A. P., Gainer, L. J. and Meltzer, A. S. Workplace Basics: The Essential Skills Employers Want, Jossey-Bass, San Francisco, CA, 1990.

[16] Catherine Chovwen, Barriers to acceptance, satisfaction and career growth, implications for career development and retention of women in selected male occupations in Nigeria [J]. Women in Management Re-

view, 2007, 22 (1): 68 – 78.

[17] Chan D, Schmitt N. Inter-individual differences in intra-individual changes in pro-activity during organizational entry: A latent growth modeling approach to understanding newcomer adaptation [J]. Journal of Applied Psychology, 2000, 85: 190 – 210.

[18] Chao G. T, Oleary A M, Howard S W, et al. Organizational socialization: Its content and consequences [J]. Journal of Applied Psychology, 1994, 79: 730 – 743.

[19] Clough, G. W. Wanted: well-rounded students who can think [J]. The School Administrator, 2008, 65 (2): 28 – 33.

[20] Cooper-Thomas, H. , Anderson, N. Newcomer adjustment: the relationship between organizational socialization tactics, information acquisition and attitudes [J]. Journal of Occupational and Organizational Psychology, 2002, 75: 423 – 437.

[21] Cooper-Thomas, Helena; Anderson. Investigating organizational socialization: a fresh look at newcomer adjustment strategies [J]. Personnel Review. 2012, 41 (1): 41 – 55.

[22] Cooper-Thomas H. D. , Stadler Costs and benefits of newcomer adjustment tactics. [J]. International Journal of Selection and Assessment, 2015. 23: 160 – 173.

[23] Daniel Feldman, Jeanne Brett. Coping with new jobs: a comparative study of new hires and job changers [J]. The Academy of Management Journal, 1983, 26 (2) : 258 – 272.

[24] Daniel M C. Socialization tactics and organization fit [J]. Personnel Psychology, 2001, 54: 1 – 23.

[25] D. B. Turban, T. W. Dougherty, and F. K. Lee, Gender, race, and perceived similarity effects in developmental relationships: the moderating role of relationship duration [J]. Vocational Behav. , 2002,

61 (2): 240 - 262.

[26] D. Dodd-McCue and G. B. Wright, Men, women, and attitudinal commitment: The effects of workplace experiences and socialization [J]. Human. Relations, 1996, 49 (8): 1065 - 1091.

[27] D. Eden, Female engineers—Their career socialization into a male dominated occupation [J]. Urban Educ., 1992, 27 (2): 174 - 195.

[28] de Stobbeleir, K., Ashford, S. & de Luque, M. Proactivity with image in mind: How employee and manager characteristics affect evaluations of proactive behaviours. [J]. Journal of Occupational and Organizational Psychology, 2010. 83: 347 - 369.

[29] Eby, L. T., M. Butts, & A. Lockwood. Predictors of Success in the Era of Boundaryless Careers [J]. Journal of Organizational Behavior, 2003, 24 (5): 689 - 708.

[30] Farh, J. L., Zhong, C., & Organ, D. W. Organizational citizenship behavior in the People's Republic of China [J]. Organization Science, 2004, 15: 241 - 253.

[31] Feldman D. C. The multiple socialization of organization members [J]. Academy of Management Review, 1976, 6: 309 - 318.

[32] Filstad C. How newcomer use role models in organizational socialization [J]. Journal of Workplace Learning, 2004, 16 (7): 396 - 409.

[33] Fogarty T. J. Socialization and organizational outcomes in large public accounting firms [J]. Journal of Managerial Issues, 2000, 12: 13 - 33.

[34] Fottler, M. D. and Brain, J, Sex differences in occupational aspiration [J]. Academy of Management Journal, 1980, 23 (1): 144 - 150.

[35] Graen, G. B. , Chun, H. , Dharwadkar, R. Wakabayashi, M. Predicting Speed of Managerial Advancement over 23 Years Using a Parametric Duration Analysis: A Test of Early Leader-Member Exchange, Early Job Performance, Early Career Success, and University Prestige [A]. Best Papers Proceedings: Making Global Partnerships Work Association of Japanese Business Studies [C]. The10th Annual Meeting, Washington, D. C. : OMNIPRESS, 1997: 75 –89.

[36] Griffin, Colella, Newcomer and Organizational Socialization Tactics: An Interaction Perspective [J]. Human Resource Management Review, 2000, 10, (4): 453 –474.

[37] Gruman, J. A. , Saks, A. M. , & Zweig, D. I. . Organizational Socialization Tactics and Newcomer Proactive Behavior: An Integrative Study. Journal of Vocational Behavior, 2006, 69, 90 –104.

[38] Haueter, J. A. , Macan, T. H. , & Winter, J. Measurement of newcomer socialization: Construct validation of a multidimensional scale [J]. Journal of Vocational Behavior, 2003, 63: 20 –29.

[39] Hilton, T. L. , W. R. Dill. Salary growth as a criterion of career progress [J]. Journal of Applied Psychology, 1962, 46: 153 –158.

[40] Hofstede, G. H. . Culture's consequences: Comparing values, behaviors, institutions, and organizations across nations (2nd edn) [M]. Thousand Oaks, CA: Sage. 2001.

[41] Ibarra, H. Personal networks of women and minorities in management : a conceptual framework [J]. Academy of Management Review, 1993, 18 (1): 56 –87.

[42] Jamie Gruman, Alan Saks, David Zweig, Organizational Socialization Tactics, Newcomer Proactive Behaviors: an Integrative study [J]. Journal of Vocational Behavior, 2006, 69: 10 –104.

[43] Jaskyte, Kristina, The impact of Organizational socialization

tactics on role ambiguity and role conflict on newly hired social workers [J]. Administration in Social work, 2005, 29 (4): 69 - 87.

[44] Jie Wang, Tae-Yeol Kim. Proactive socialization behavior in China: The mediating role of perceived insider status and the moderating role of supervisors' traditionality [J]. Journal of Organizational Behavior 2013, 34: 389 - 406.

[45] Jim Allen, Egbert de Weert. What Do Educational Mismatches Tell Us About Skill Mismatches? A Cross-country Analysis [J]. European Journal of Education, 2007, 42 (1): 59 - 73.

[46] Jones G R. Socialization tactics, self-efficacy, and newcomers adjustments to organizations [J]. Academy of Management Journal, 1986, 29: 262 - 279.

[47] Judge T. A, Higgins C. A, Thoresen C. J, Barrick M R. The Big Five Personality Traits, General Mental Ability, and Career Success across the Life Span [J]. Personnel Psychology, 1999, 52: 621 - 652.

[48] Kammeyer-Mueller J. D, Wanberg C. R. Unwrapping the organizational entry process: Disentangling multiple antecedents and their pathways to adjustment [J]. Appl. Psychol., 2003, 88 (5): 779 - 794.

[49] Kim, T., Cable, D. M., & Kim, S. Socialization tactics, employee proactivity, and person-organization fit [J]. Journal of Applied Psychology, 2005, 90 (2): 232 - 241.

[50] Kotter J. P. The General Managers. New York: The Free Press, 1982.

[51] Kramer, M. W Communication after job transfers-social-exchange processes in learning new roles [J]. Human Communication Research, 1993, 20 (2): 147 - 174.

[52] Lankau, M. J. and Scandura, T. A. An investigation of personal learning in mentoring relationships: content, antecedents, and conse-

quences [J]. Academy of Management Journal, 2002, 45 (4): 779 - 791.

[53] Lazear, E. P. Personnel economics: past lessons and future directions [J]. Journal of Labor Economics, 1999, 17: 199 - 236.

[54] London, M., Stumpf, S. A. Managing Careers [M]. Reading, MA: Addison-Wesley, 1982.

[55] Loscertales, M. Opening the black-box of individual career advancement: the role of organizational factors. PhD dissertation, University of Pennsylvania, Philadelphia, PA, 2007.

[56] Louis M R. Surprise and sense making: What newcomers experience in entering unfamiliar organizational settings. Administrative Science Quarterly, 1980, 25: 226 - 251.

[57] Martins L. L., Eddleston K. A., Veiga J. F. Moderators of the relationship between work-family con-flict and career satisfaction [J]. Academy of Management Journal, 2002: 45.

[58] Meryl Louis, Barry Posner: The availability and helpfulness of Socialization Practices [J]. Personnel Psychology, 1983, 36: 857 - 866.

[59] Mignerey. J. T., Rubin. R. B., & Gorden. W. I. Organizational entry: An investigation of newcomer communication behavior and uncertainty. Communication Research, 1995, 22 (1): 54 - 85.

[60] Milena Atzori, Luigi Lombardi and Franco Fraccaroli, Organizational socialization of women in the Italian Army: Learning processes and proactive tactics, Journal of Workplace Learning, 2008, 20 (5): 327 - 347.

[61] Miller, V. D. and Jablin, F. M.. Information seeking during organizational entry: influences, tactics, and a model of the process [J]. Academy of Management Review, 1991, 16 (1): 92 - 120.

[62] Miner, J. B., Chen, C. C., Yu, K. C. Theory testing under

adverse conditions [J]. Journal of Applied Psychology, 1991 76, 343 - 349.

[63] Morrison, E. W., Chen, Y. R., & Salgado, S. R. Cultural differences in newcomer feedback seeking: A comparison of the United States and Hong Kong [J]. Applied Psychology—An International Review, 2004, 53: 1 -22.

[64] Morrison, E. W. Longitudinal study of the effects of information seeking on newcomer socialization [J]. Journal of Applied Psychology, 1993a, 78: 173 -183.

[65] Morrison E. W. A Longitudinal Study of Newcomer Information Seeking: Exploring Types, Modes, Sources, and Outcomes [J]. Academy of Management Journal, 1993b, (36): 557 -589.

[66] Morrison E W Newcomers relationships: the role of social network ties during socialization [J]. Academy of Management Journal, 2002, 45 (6): 1149 - 1160.

[67] Morrison, E. W., Chen, Y. R., &Salgado, S. R. Cultural differences in newcomer feedback seeking: A comparison of the United States and Hong Kong [J]. Applied Psychology—An International Review, 2004, 53: 1 -22.

[68] Ostroff C, Kozlow ki W J. Organizational socialization as a learning process: the role of information acquisition [J]. Personnel Psychology, 1992, 45: 849 - 874.

[69] Peter Cappelli. Career Jobs "Are" Dead [J]. California Management Review, 1999, 42 (1): 146 -167.

[70] Perrot. Serge, Bauer. Talya N. Organizational Socialization Tactics and Newcomer Adjustment: The Moderating Role of Perceived Organizational Support [J]. Group & Organization Management. Jun2014, 39 (3): 247 -273.

[71] Petersen, T., Spilerman, S. and Dahl, S. The structure of employment terminations among clerical employees in a large bureaucracy [J]. Acta Sociologica, 1989, 4: 319 -338.

[72] Peterson, M. F., & Wood, R. E. (2008). Cognitive structures and processes in cross cultural management. In P. B. Smith, M. F. Peterson & D. C. Thomas (Eds.), Handbook of cross-cultural management research (pp. 15 -33), Thousand Oaks, CA: Sage Press.

[73] Ragins, B. R. and Mattis, M Gender gap in the executive suite: CEOs and female executives report on breaking the glass ceiling [J]. Academy of Management Executive, 1998, 12 (2): 28 -42.

[74] Reichers A E. An interactionist perspective on newcomer socialization rates. Academy of Management Review, 1987, 12: 278 -287.

[75] Saks, A. L. & Ashforth, B. E. Is job search related to employment quality? It all depends on fit [J]. Journal of Applied Psychology, 2002, 87: 646 -654.

[76] Saks Alan M, GrumanJamie A, getting newcomers engaged: the role of socialization tactics [J]. Journal of Managerial Psychology, 2011, 26 (5): 383 -402.

[77] Saks, A. M., & Ashforth, B. E.. Organizational socialization: Making sense of the past and present as a prologue for the future. Journal of Vocational Behavior, 1997a, 51, 234 -279.

[78] Saks, A. M., Ashforth, B. E.. Socialization tactics and newcomer information acquisition [J]. International Journal of Selection and Assessment, 1997, 5, 48 -61.

[79] Saks. A. M., Ashforth B E.. Is Job Search Related to Employment Quality? It Depends on Fit [J]. Joural of Applied Psychology, 2002, 87 (4) : 646 -654.

[80] Saks A. M, Gruman J. A, Cooper-Thomas H. The neglected

role of proactive behavior and outcomes in newcomer socialization [J]. Journal of Vocational Behavior, 2011, 7 : 36 -46.

[81] Saks, A. M. , Uggerslev, K. L. and Fassina, N. E. Socialization tactics and newcomer adjustment: a meta-analytic review and test of a model [J]. Journal of Vocational Behavior, 2007, 70 (3): 413 -460.

[82] Sandy J. Wayne, Robert C. Liden, Maria L. Kraimer, Isabel K. Graf. The Role of Human Capital, Motivation and Supervisor Sponsorship in Predicting Career Success [J]. Journal of Organizational Behavior, 1999, 20 (5): 577 -595.

[83] Scandura, T. A. Mentorship and career mobility: An empirical investigation [J]. Journal and Organizational Behavior, 1992, 13 (2): 169 -175.

[84] Schein E. H. Organizational socialization and the profession of management [J]. Industrial Management Review, 1968, 9 (2): 1 -16.

[85] Schein E, Career Dynamics Matching Individual and Organizational Needs [M]. Addison-Wesley, 1978: 211 -275.

[86] Sergiovanni, T. The virtues of leadership [J]. The Educational Forum, 2005, 69 (2): 112 -123.

[87] Settoon R. P, Adkins C. L. Newcomer socialization: The role of supervisors, coworkers, friends and family members [J]. Journal of Business and Psychology, 1997, 11: 112 -124.

[88] S. Ingram, Women engineering graduates from the 1970s, 80s and 90s: Constraints and possibilities of a career path [J]. Int. J. Eng. Educ. , 2006, 22 (2): 290 -299.

[89] Stuart Rosenberg, Ronald Heimler, Elsa-Sofia Morote. Basic employability skills: a triangular design approach [J]. Education +Training, 2012, 54 (1) : 7 -20.

[90] Tang, Chuanyi, Liu, Yongmei Oh, Hyunjoo, Weitz, Bar-

ton, Socialization Tactics of New Retail Employees: A Pathway to Organizational Commitment [J]. Journal of Retailing. 2014, 90 (1): 62 -73.

[91] Taormina R J. Organizational socialization in two countries: Results from U. S. and HK [J]. The International Journal of Organizational Analysis, 2000, 8 (4): 262 -289.

[92] T. A. Scandura and E. A. Williams, An investigation of the moderating effects of gender on the relationships between mentorship initiation and protege perceptions of mentoring functions [J]. Vocational Behav, 2001, 59 (3): 342 -363.

[93] Tharenou P. Going up? Do traits and informal social processes predict advancing in management? [J]. Academy of Management Journal, 2001: 44.

[94] Thomas N. Garavan, Fergal O'Brien, Deborah O'Hanlon. Career advancement of hotel managers since graduation: a comparative study, Personnel Review, 2006, 35 (3): 252 -280.

[95] Thorndike R. L. The Prediction of vocational success [J]. Vocational Guidance Quarterly Ⅱ, 1963: 179 -187.

[96] Van Emmerik, Gender differences in the effects of coping assistance on the reduction of burnout in academic staf [J]. Work Stress, 2002, 16 (3): 251 -263.

[97] Van Maanen J, Schein E H. Toward a theory of organizational socialization [J]. Research in Organizational Behavior, 1979, 1: 209 - 264.

[98] Wanberg C R, Kammeyer-Mueller J D. Predictors and outcomes of proactivity in the socialization process [J]. Journal of Applied Psychology, 2000, 85 (3): 373 -385.

[99] Wei Zhao, Xueguang Zhou, Intraorganizational career advancement and voluntary turnover in a multinational bank in Taiwan [J].

Career Development International, 2008, 13 (5): 402 - 424.

[100] Zibin Songa, Kaye Chonb, Geng Dinga, et al. Impact of organizational socialization tactics on newcomer job satisfaction and engagement: Core self-evaluations as moderators [J]. International Journal of Hospitality Management, 2015, 46 : 180 - 189.

[101] 陈卫旗. 组织与个体的社会化策略对人——组织价值匹配的影响 [J]. 管理世界, 2009 (3): 99 - 110.

[102] 陈维政, 李强. 领导—成员交换关系对新员工社会化的影响 [J]. 西南石油大学学报, 2012, 14 (1): 78 - 85.

[103] 冯玉坤. 全面二胎, 女性求职是否更艰难 [J]. 劳动保障世界, 2015, 11 (31): 35 - 36.

[104] 高云山. 组织社会化策略、主动社会化行为与新员工工作绩效的关系研究 [D]. 山东大学, 2010.

[105] 郭云贵. 组织社会化策略的类型、效应及其作用机制 [J]. 首都经济贸易大学学报. 2015 (7): 119 - 124.

[106] 何辉, 黄月. 组织社会化策略与新员工工作适应研究 [J]. 管理学报, 2015 (10): 1457 - 1464.

[107] 何辉, 黄月. 性别对女性组织社会化策略对女性职业发展的影响分析 [J]. 福建论坛, 2016 (1): 6 - 10.

[108] 何辉, 黄月. 新员工主动社会化行为对组织社会化后果的影响 [J]. 企业经济, 2015 (9): 102 - 109.

[109] 何辉, 黄月, 王文博. 职业成长理论辨析与测量: 主客观指标整合与实证研究 [J]. 首都经济贸易大学学报. 2016 (4): 41 - 49.

[110] 何辉, 黄月. 性别影响知识型新员工组织社会化吗? [J]. 福建论坛, 2016 (3): 113 - 120.

[111] 何辉, 杨静. 组织和个人对新生代员工社会化影响的比较研究 [J]. 中国劳动, 2016, 10.

［112］何辉，黄月．组织社会化策略对新生代员工主动社会化行为和工作适应的影响：一个被中介的调节作用［J］．经济与管理评论，2016，5.

［113］何辉．组织社会化策略对女性职业发展的影响分析［J］．中国人力资源开发，2013（1）：6－16.

［114］何辉．组织社会化过程中新员工如何使用角色榜样［J］．河南社会科学，2013（1）：62－66.

［115］胡冬梅，陈维政．谁对组织社会化的贡献更大——组织社会化的优势分析［J］．科学学与科学技术管理，2013，34（5）：172－180.

［116］黄河．团队成员交换，社会因素策略与新员工社会化［J］．管理科学，2012，25（1）：45－54.

［117］贾留战．组织社会化过程中的新员工调适及其相关研究［D］．河南大学，2009.

［118］李超平，苏琴，宋照礼．互动视角的组织社会化动态跟踪研究［J］．心理科学进展，2014，22（3）：409－417.

［119］李从容，张生太．信息寻找行为对组织社会化影响研究［J］．科研管理，2011，32（4）：106－112.

［120］廖泉文．职业生涯发展的三、三、三理论［J］．中国人力资源开发，2004（9）：21－23.

［121］刘德中，牛变秀．中国的职业性别隔离与女性就业［J］．妇女研究论丛，2000（4）：18－20.

［122］龙立荣．知识经济时代的职业生涯成功及其策略［J］．外国经济与管理，2004（3）：19－23.

［123］龙书芹．职业成功测量：主客观指标的整合及实证研究［J］．华中师范大学学报（人文社会科学版），2010（4）：52－57.

［124］毛凯贤，李超平．新员工主动行为及其在组织社会化中的作用［J］．心理科学进展，2015，23（12）：2167－2176.

[125] 宁本荣. 新时期女性职业发展的困境及原因分析 [J]. 西北人口, 2005 (4): 24 - 27.

[126] 石金涛, 王庆燕. 组织社会化过程中的新员工信息寻找行为的实证研究 [J]. 管理科学, 2007, 20 (2): 54 - 62.

[127] 苏晓艳. 组织社会化策略、工作嵌入及新员工离职意向研究 [J]. 软科学, 2014 (5): 48 - 52.

[128] 孙步宽. 大学毕业生自我概念与工作适应实证研究 [J]. 福建师大福清分校学报, 2011, 106 (4): 94 - 102.

[129] 孙健敏, 王碧英. 国有企业新员工组织社会化内容的维度研究 [J]. 心理学探新, 2009, 29 (1): 94 - 96.

[130] 谭亚莉. 企业新进员工工作适应的发展模式研究 [D]. 华中科技大学, 2005.

[131] 童辉杰, 刘轩. 大学生村官工作适应的影响因素分析 [J]. 心理与行为研究, 2013, 11 (6): 813 - 818.

[132] 翁清雄, 胡蓓. 员工职业成长的结构及其对离职倾向的影响 [J]. 工业工程与管理, 2009 (1): 97 - 104.

[133] 翁清雄, 席酉民. 职业成长理论研究简评 [J]. 预测, 2010 (6): 1 - 7.

[134] 翁清雄, 席酉民. 企业员工职业成长研究: 量表编制和效度检验 [J]. 管理评论, 2011 (10): 132 - 143.

[135] 王明辉, 凌文辁. 员工组织社会化研究的概况 [J]. 心理科学进展, 2006 (5): 722 - 728.

[136] 王雁飞, 朱瑜. 组织社会化理论及其研究评介 [J]. 外国经济与管理, 2006 (5): 31 - 38.

[137] 吴照云, 邢小明. 新员工主动社会化行为与组织承诺关系研究——以社会资本为中介变量 [J]. 经济管理, 2010 (7): 70 - 76.

[138] 严圣阳, 王忠军, 杜坤, 邱红林. 员工职业生涯成功的

测量工具实证研究［J］. 武汉商业服务学院学报，2008（3）：73－75.

［139］杨莉莉. 组织社会化对工作满意度及组织承诺的影响［D］. 首都师范大学，2006.

［140］赵慧军. 阻碍女性职业发展的因素分析［J］. 经济与管理研究，2006（2）：26－29.

［141］姚琦，乐国安. 组织社会化研究的整合：交互作用视角［J］. 心理科学进展，2008（4）：590－597.

［142］张静敏. 城镇女性就业中的社会排斥问题研究［J］. 石家庄法商职业学院教学与研究，2010（1）：23－26.

［143］张燕红，廖建桥. 团队真实型领导、新员工反馈寻求行为与社会化后果［J］. 管理科学，2015，28（2）：126－136.

［144］赵斌，陈玮，付庆风. 大学毕业生个体因素对其组织社会化程度影响：个体主动行为的中介作用［J］. 经济与管理评论，2013（5）：54－61.

［145］周文霞，孙健敏. 中国情境下职业成功观的内容与结构［J］. 中国人民大学学报，2010（3）：124－133.